BERNDT ZUSCHLAG

Richtlinien für die Erstellung psychologischer Gutachten

2., überarbeitete und erweiterte Auflage

Deutscher Psychologen Verlag GmbH

Bonn 2006

Bibliografische Information der Deutschen Bibliothek
Die Deutsche Bibliothek verzeichnet diese Publikation in der Deutschen Nationalbibliografie; detaillierte bibliografische Daten sind im Internet über **http://dnb.ddb.de** abrufbar.

ISBN 3-931589-42-0
2., überarbeitete und erweiterte Auflage

Anschriften des Autors:

Privatanschrift
Ihmepassage 10
D-30449 Hannover
Telefon 05 11/4 58 26 66
Telefax 05 11/4 58 43 56
E-Mail Dr.Zuschlag@t-online.de

Praxisanschrift
Heinrich-Heine-Straße 11
D-30173 Hannover
Telefon 05 11/80 51 57
Telefax 05 11/80 51 28

Verlag: Deutscher Psychologen Verlag GmbH, Bonn

Umschlaggestaltung und Satz: Tanja Bregulla, Aachen

Druck: druckhaus köthen Gmbh, Köthen

Printed in Germany
ISBN 3-931589-42-0
2., überarbeitete und erweiterte Auflage

Vorwort

zur 2., überarbeiteten und erweiterten Auflage

Wegen der großen Nachfrage nach der bereits seit einiger Zeit vergriffenen Broschüre hat der Deutsche Psychologen Verlag bei den Autoren nachgefragt, ob die 1. Auflage nachgedruckt werden solle oder ob kurzfristig eine überarbeitete und aktualisierte Neuauflage zur Verfügung gestellt werden könne.

Obwohl sich Frau Prof. Dr. Adelheid Kühne bereits in dankenswerter Weise mit Vorbereitungsarbeiten für die Neuauflage vor allem bei der Aktualisierung einiger Texte und Literaturangaben engagiert hatte, musste sie bedauerlicherweise wegen dringender universitärer Verpflichtungen ihre weitere Mitarbeit einstellen.

Da jedoch offenbar auch weiterhin Bedarf in Kollegenkreisen an einer kurzen Übersicht über die Sachverständigenrechte und -pflichten, über die rechtlichen Rahmenbedingungen der psychologischen Sachverständigen-/Gutachtertätigkeit und über Qualitätsanforderungen an psychologische Gutachten etc. besteht, habe ich dem Verlag den kurzfristigen Abschluss der Überarbeitung mit einigen vordringlichen Aktualisierungen zugesagt.

Aber bekanntlich ist nichts so gut, als dass man es nicht noch verbessern könnte. Im Interesse aller Benutzer bitte ich daher die Fachkolleginnen und -kollegen, Experten in den verschiedenen Gutachter-Fachgebieten, mich über die aus ihrer Sicht ggf. noch erforderlichen weiteren Ergänzungen und auch über ihre Korrekturwünsche zu informieren, damit der Text in der nächsten Auflage noch weiter optimiert werden kann. Dadurch können wir längerfristig zu einem vernünftigen Konsens aller psychologischen Sachverständigen bzw. Gutachter für konstant sachgerechte formale und inhaltliche Qualität der psychologischen Gutachten kommen.

März 2006

Berndt Zuschlag

Inhalt

1 Rechtsstellung und Aufgaben des psychologischen Sachverständigen[1] bzw. Gutachters

1.1 Psychologische Sachverständigentätigkeit

Psychologie als Wissenschaft vom Erleben und Verhalten des Menschen befasst sich mit normalpsychischen Phänomenen und seinen (nicht psychopathologischen) Normabweichungen. Diplom-Psychologen werden als Gutachter immer dann gefragt, wenn die Sachkunde des Gerichts, der Justizbehörden oder anderer Behörden und Organisationen nicht ausreicht, um zu entscheidungsrelevanten Fragestellungen Stellung zu nehmen.

Diplom-Psychologen haben als Sachverständige bzw. Gutachter ebenso wie andere Berufsgruppen (z. B. Ärzte, Diplom-Ingenieure) die Pflicht zur Übernahme von Gutachtenaufträgen, insbesondere von Gerichten und Justizbehörden. Die rechtlichen Grundlagen der Sachverständigentätigkeit – wie sie auch für Diplom-Psychologen gültig sind – finden sich in den Prozessordnungen (§§ 402-414 ZPO „Beweis durch Sachverständige", §§ 72-85 StPO „Sachverständige und Augenschein" und § 209 SGG; s. dazu auch Anhänge 10.1 und 10.2).

Die in den Prozessordnungen kodifizierten Rechte und Pflichten für Sachverständige gelten grundsätzlich auch für psychologische Sachverständige bzw. Gutachter, die in anderen Arbeits- und Aufgabenbereichen tätig werden (z. B. in der Verkehrspsychologie, der Schulpsychologie, dem Arbeits- und Sozialrecht, dem Versicherungs- und Gesundheitswesen).

Diplom-Psychologen haben im Rahmen ihrer universitären Ausbildung nicht nur Kenntnisse über Erleben und Verhalten des Menschen erworben, sondern auch die Grundlagen wissenschaftlichen Arbeitens erlernt, und sie beherrschen die Methoden und Instrumentarien psychologischer Diagnostik. Die hier vorliegenden Gutachten-Richtlinien sollen demzufolge die sachge-

1 Die Begriffe „Diplom-Psychologe", „Sachverständiger", „Gutachter" etc. werden hier als geschlechtsneutrale Gattungsbegriffe verwandt; sie umfassen demzufolge jeweils sowohl „Diplom-Psychologen" als auch „Diplom-Psychologinnen", „Gutachter" und „Gutachterinnen" etc.

rechte Umsetzung dieser Kenntnisse und Fertigkeiten in der psychologischen Begutachtung erleichtern und zur Qualitätssicherung beitragen.

Diese Broschüre fasst daher die wesentlichen Standards und Kriterien zusammen, die den psychologischen Sachverständigen bzw. Gutachtern einen Orientierungsrahmen bei der Planung und Durchführung ihrer Arbeit geben, die sachgerechte Umsetzung der psychologischen Kenntnisse und Fertigkeiten in der Gutachtenpraxis erleichtern und dazu beitragen sollen, Qualitätsstandards zu sichern und eventuellen Haftungsansprüchen (s. dazu Abschnitt 1.3) vorzubeugen.

1.2 Rechte und Pflichten von psychologischen Sachverständigen bzw. Gutachtern – Vorschriften durch die Prozessordnungen

Das Hauptttätigkeitsfeld psychologischer Sachverständigen- bzw. Gutachtertätigkeit besteht aus Gutachtenaufträgen von Gerichten, Justiz- und Verwaltungsbehörden. Im Folgenden sollen anhand der Regelungen der Prozessordnungen für das Zivil- und Strafrecht (ZPO, StPO) die grundsätzlichen Rechte und Pflichten der (psychologischen) Sachverständigen aufgezeigt werden. Es handelt sich dabei um die Anwendung der Vorschriften für Zeugen, zu denen die des Sachverständigen von Seiten des Gesetzgebers in Analogie gesehen werden (s. dazu auch Zuschlag 2002).

Tab. 1 Rechte und Pflichten von Sachverständigen bzw. Gutachtern nach der Zivilprozessordnung (ZPO) und der Strafprozessordnung (StPO)

In der folgenden Tabelle sind die wichtigsten Paragraphen der ZPO (nach Schönfelder, Stand 05.12.2005) und der StPO (nach Schönfelder, Stand September 2004) zusammengestellt. Die ausführliche Darstellung ist im Anhang 9.1 beigefügt.

ZPO	Beweis durch Sachverständige	StPO	Sachverständige und Augenschein
§ 402	Anwendbarkeit der Vorschriften für Zeugen	§ 72	Anwendung der Vorschriften für Zeugen
§ 403	Beweisantritt		
§ 404	Sachverständigenauswahl	§ 73	Auswahl
§ 404a	Leitung der Tätigkeit des Sachverständigen	§ 78	Richterliche Leitung
§ 405	Auswahl durch den mit der Beweisaufnahme betrauten Richter		
§ 406	Ablehnung eines Sachverständigen	§ 74	Ablehnung
§ 407	Pflicht zur Erstattung des Gutachtens	§ 75	Pflicht zur Erstattung des Gutachtens
§ 407a	Weitere Pflichten des Sachverständigen		
§ 408	Gutachtenverweigerungsrecht	§ 76	Gutachtenverweigerungsrecht
§ 409	Folgen des Ausbleibens oder der Gutachtenverweigerung	§ 77	Folgen des Ausbleibens oder der Weigerung
		§ 78	Richterliche Leitung
§ 410	Sachverständigenbeeidigung	§ 79	Sachverständigeneid
		§ 80	Vorbereitung des Gutachtens
		§ 80a	Zuziehung im Vorverfahren
		§ 81	Unterbringung zur Beobachtung des Beschuldigten
		§ 81a	Körperliche Untersuchung; Blutprobe
		§ 81b	Lichtbilder und Fingerabdrücke
		§ 81c	Untersuchung anderer Personen
		§ 81d	Verletzung des Schamgefühls
		§ 81e	Molekulargenetische Untersuchung

ZPO	Beweis durch Sachverständige	StPO	Sachverständige und Augenschein
		§ 81f	Richterliche Anordnung; Durchführung der Untersuchung
		§ 81g	DNA-Identitätsfeststellung bei Beschuldigten und Verurteilten
		§ 81h	Reihengentests
		§ 82	Gutachten im Vorverfahren
§ 411	Schriftliches Gutachten		
§ 411a	Verwertung von gerichtlichen Sachverständigengutachten		
§ 412	Neues Gutachten	§ 83	Neues Gutachten
§ 413	Sachverständigenvergütung	§ 84	Sachverständigenentschädigung
§ 414	Sachverständige Zeugen	§ 85	Sachverständige Zeugen
		§ 86	Richterlicher Augenschein

Dieser Rechtsrahmen der Sachverständigentätigkeit gilt grundsätzlich ebenso für Sachverständige und Gutachter in anderen Arbeitsbereichen.

Für Diplom-Psychologen („Berufspsychologen mit staatlich anerkannter wissenschaftlicher Abschlussprüfung"), die als Sachverständige bzw. Gutachter in Strafverfahren tätig werden, gilt die Schweigepflicht (§ 203 I 2 StGB; s. hier Anhang 9.2). Bisher steht jedoch dem psychologischen Sachverständigen (also dem Diplom-Psychologen ganz allgemein) nicht grundsätzlich ein strafrechtliches Zeugnisverweigerungsrecht zu, vergleichbar dem der Mediziner und Theologen (§ 53 StPO; ausführlich dazu Kühne 1985).

Allerdings sind in § 53 (1) 3 StPO (nach Schönfelder, Stand Januar 2005) ausdrücklich neben Rechtsanwälten, Notaren, Ärzten, Zahnärzten auch Psychologische Psychotherapeuten, Kinder- und Jugendlichenpsychotherapeuten etc. aufgeführt als Personen, die zur Verweigerung des Zeugnisses berechtigt sind.

1.3 Haftungsfragen

Nach § 839a BGB (verkündet am 25.07.2002 in BGBl. I, S. 2674) haftet der gerichtlich ernannte Sachverständige für von ihm grob fahrlässig oder vorsätzlich verursachte Schäden:

„Erstattet ein vom Gericht ernannter Sachverständiger vorsätzlich oder grob fahrlässig ein unrichtiges Gutachten, so ist er zum Ersatz des Schadens verpflichtet, der einem Verfahrensbeteiligten durch eine gerichtliche Entscheidung entsteht, die auf diesem Gutachten beruht. § 839 Abs. 3 ist entsprechend anzuwenden."

Weitere Ausführungen zur Sachverständigenhaftung finden sich bei Bayerlein (1996) und bei Zimmermann (2002) sowie in der Zeitschrift „Der Sachverständige". Ein kurzer Überblick über die insgesamt sehr komplizierte Haftungsproblematik findet sich bei Zuschlag (2002; S. 60-70).

Zu beachten sind insbesondere die folgenden Haftungsaspekte:

- haftungsbegründende Pflichten des Sachverständigen (z. B. Unparteilichkeit, Unabhängigkeit, Objektivität)

- Haftung als Privatgutachter (verschuldensabhängig)
  - vertragliche Haftung
  - Sachmangelhaftung; Nachbesserung, Mängelbeseitigung
  - Schadenersatzforderungen wegen Nichterfüllung
  - Haftung aus positiver Vertragsverletzung
  - Haftung aus Unmöglichkeit und Verzug
  - Haftung aus unerlaubter Handlung
  - Haftung für Ratschläge, Auskünfte und Empfehlungen
  - Haftung aus abgegebener Garantie

- Haftung des gerichtlichen Sachverständigen
  - Haftung aus unerlaubter Handlung nach § 823 I BGB
    - Haftung durch ein fehlerhaftes Gutachten
    - Haftung anlässlich der Erstattung des Gutachtens
  - Haftung aus unerlaubter Handlung gem. § 823 II BGB
  - Haftung bei Amtspflichtverletzung (§ 839 BGB)
  - Haftung wegen Verstoßes gegen ein Schutzgesetz (z. B. uneidliche vorsätzliche Falschaussage; Meineid gem. § 154 BGB; fahrlässiger Falscheid; fahrlässige falsche Versicherung an

Eides statt gem. § 163 BGB; uneidliche fahrlässige Falschaussage; Haftung anlässlich der Gutachtenerstattung gem. § 823 II BGB)

- Haftung wegen sittenwidriger vorsätzlicher Schädigung nach § 826 BGB
- Verlust des Entschädigungsanspruches eines gerichtlichen Sachverständigen bzw. Gutachters (nach § 413 ZPO)

Bei anstehenden Haftungsfragen ist durchweg die Beiziehung eines auf diesem Gebiet spezialisierten Fachanwalts zu empfehlen. Außerdem kann bei Haftungsproblemen der rechtzeitige Abschluss von entsprechenden Haftpflicht- und Rechtsschutzversicherungen (ggf. unter Einbeziehung von Strafrechtsschutz) nützlich sein.

2 Definition von psychologischen Gutachten, Stellungnahmen und Berichten

2.1 Psychologisches Gutachten

Ein psychologisches Gutachten ist eine wissenschaftliche Leistung eines qualifizierten psychologischen Sachverständigen. Diese besteht darin, dass auf der Grundlage von wissenschaftlich anerkannten Untersuchungs- und Beurteilungsmethoden und -kriterien im Hinblick auf die Beantwortung einer vom Auftraggeber vorgegebenen Fragestellung Daten bei Probanden erhoben, sachverständig ausgewertet und beurteilt werden, so dass der Sachverständige die Frage(n) des Auftraggebers aufgrund seines psychologischen Fachwissens, der Berücksichtigung des aktuellen Forschungsstandes und seiner einschlägigen Berufserfahrung beantworten kann.

Gutachten werden dann eingeholt, wenn beispielsweise dem Gericht die entsprechende Fachkenntnis in dem (nicht juristischen; hier: psychologischen) Spezialgebiet fehlt. Sie bereiten die Entscheidung eines Gerichts (oder auch einer Behörde oder einer anderen Organisation) vor. Die Würdigung des Gutachtens (Beweiswürdigung) obliegt dem Gericht.

Gutachten werden in der Regel schriftlich (im Strafverfahren zwingend vorgeschrieben) und lediglich in Ausnahmefällen nur mündlich erstattet. Eine schriftliche Gutachtenerstattung im Auftrag von Gerichten und Justizbehörden ist notwendig, um eine lückenlose Dokumentation des Begutachtungsverlaufs für das aktuelle und eventuell weitere Gerichtsverfahren nachvollziehbar und nachprüfbar belegen zu können.

Die Planung und Durchführung der Begutachtung erfolgt auf der Grundlage der Fragestellung(en) des Auftraggebers und der daraus abgeleiteten psychologischen Arbeitshypothesen (Thomae 1967, Greuel u. a. 1998, Westhoff & Kluck 2003, Urteil des BGH vom 30.07.1999).

Eine ausführliche Darstellung einer zweckmäßigen Gutachtengliederung findet sich im Abschnitt 3. Hinweise auf die Rechte und Pflichten des gerichtlichen Sachverständigen sind Jessnitzer & Ulrich (2004) und Creifelds (2002) zu entnehmen.

Bei der psychologischen Begutachtung von Zeugenaussagen steht die Glaubhaftigkeit der Aussage, d. h. der Wirklichkeitsgrad und die Frage danach, inwieweit die Aussagen erlebnisfundiert sind, im Mittelpunkt.

Der Bundesgerichtshof (BGH) fordert in seinem Urteil vom 30.07.1999 bei aussagepsychologischer Begutachtung explizit die Formulierung einer „Nullhypothese“ (im Sinne einer Unwahrscheinlichkeitshypothese: „Die Aussage ist unwahr.“) und spezifische Alternativhypothesen. Umgesetzt in das psychologische Begutachtungsverfahren, bedeutet dies, dass im Sinne der Alternativhypothesen weitere Hypothesen formuliert werden müssen, wonach es sich bei den Aussagen um erlebnisbasierte Darstellungen handeln könnte. Im Rahmen der Begutachtung sind also sowohl die Nullhypothese als auch die fallbezogen als möglich angesehenen Alternativhypothesen auf den jeweiligen Wahrscheinlichkeitsgrad hin zu prüfen (ausführlich dazu Steller & Köhnken 1989).

Eine Analyse der Qualität der Aussage und von deren Zuverlässigkeit ist in den diagnostischen Prozess mit einzubeziehen (ausführlich dazu Greuel u. a. 1998, Greuel 2001). Erst wenn die „Unwahrscheinlichkeitshypothese“ („Nullhypothese“) mit den erhobenen Fakten und Befunden nicht mehr in Übereinstimmung steht, wird sie verworfen (s. dazu Urteil des BGH vom 30.07.1999, S. 7). Es werden diejenigen Alternativhypothesen angenommen, die der Prüfung auf den Wirklichkeitsgehalt und die Erlebnisfundiertheit standhalten. Darüber hinaus muss durch die Merkmalsanalyse der begutachtungsrelevanten Aussagen deren Qualität und Zuverlässigkeit bestätigt werden (ausführlich dazu Greuel u. a. 1998, Greuel 2001).

2.2 Gutacht(er)liche Stellungnahme

Anstelle eines Gutachtens kann eine „gutacht(er)liche Stellungnahme“ dann erstattet werden, wenn der Sachverständige vom Auftraggeber ausdrücklich zu einer „Stellungnahme“ oder „gutacht(er)lichen Stellungnahme“ aufgefordert worden ist.

Diese werden z. B. dann erstellt, wenn

- es sich um die Beantwortung eines wenig komplexen Sachverhalts handelt,
- bereits ein psychologisches Gutachten vorliegt oder
- ergänzende Fragen beantwortet werden sollen.

Auch gutacht(er)liche Stellungnahmen werden in der Regel schriftlich verfasst.

2.3 Bericht

Ein „Bericht“ kann beispielsweise in Form eines „Testberichts“, „Untersuchungsberichts“ oder „Befundberichts“ abgefasst werden. In diesem Fall kommt es dem Auftraggeber im Wesentlichen nur auf eine Befunddokumentation an und nicht auf eine ausführliche gutacht(er)liche Beurteilung der Ergebnisse durch den psychologischen Sachverständigen im Hinblick auf eine komplexere Fragestellung eines Auftraggebers.

3 Zweckmäßige Strukturierung eines psychologischen Gutachtens

Die folgende Tabelle gibt einen Überblick über eine differenzierte Standardgliederung eines psychologischen Gutachtens (ausführlich s. dazu Thomae 1967, Zuschlag 2002, Kühne 2003, Westhoff & Kluck 2003).

Tab. 2 Standardgliederung eines psychologischen Gutachtens (Checkliste)

Nr.	Gliederungspunkt	Einzelaspekte
01	**Informationen über den Auftrag**	• Art des Auftrags (Gutachten, Stellungnahme, Bericht ...) • Thema (des Gutachtens, Berichts etc.) • Auftraggeber, ggf. Adressat des Gutachtens • Aktenzeichen des Auftraggebers • Name und Adresse des Klienten (Patienten) • Sachverständiger/Gutachter (mit genauer, ladungsfähiger Anschrift) • Umfang des Gutachtens (Text, Anhang) • Inhaltsübersicht
02	**Auftrag**	• Auftraggeber (Gericht, Behörde, Organisation, Sachbearbeiter) • Art der Beauftragung (mündlich, schriftlich) • Zeitpunkt der Beauftragung • Hinweis auf die Einwilligung des Klienten (Patienten) zur Begutachtung
03	**Anlass für die Begutachtung**	• Beweisbeschluss des Gerichts • Verfügung der Verwaltungsbehörde • Auftrag von anderen Organisationen • Auftrag einer Privatperson
04	**Fragestellung des Auftraggebers**	• Exakte Wiedergabe der Fragestellung des Auftraggebers • Strukturierung der Fragestellung aus der Perspektive des psychologischen Sachverständigen im Rahmen seiner fachpsychologischen Arbeitshypothesen (einschließlich „Nullhypothese" und „Alternativhypothese(n)") – speziell bei aussagepsychologischen Begutachtungen.

Nr.	Gliederungspunkt	Einzelaspekte
05	**Informations-quellen**	• Akten (Schriftverkehr inkl. Vorgutachten etc.) • Exploration(en) • Verhaltensbeobachtung(en) • Testergebnis(se) • Weitere Untersuchungsbefunde (z. B. aus Fahrproben) • Zusatzgutachten (z. B. fachärztliche Gutachten, psychologische Gutachten zu speziellen Einzelfragestellungen)
06	**Untersuchungs-rahmen**	• Untersuchungsort(e) • Untersuchungstermin(e) und Untersuchungszeit(en) • Beteiligte Personen (Untersucher, Assistenten etc.) • Einzel- und/oder Gruppenuntersuchungen • Belehrung des zu Untersuchenden über seine Rechte und Pflichten
07	**Untersuchungs-methoden**	• Auswahl und Darstellung der Untersuchungsmethoden • Aktenanalyse • Exploration • Verhaltensbeobachtung • Tests und apparative Verfahren • Datenerhebung und Auswertungsmethoden • Beurteilungskriterien
08	**Untersuchungs-ergebnisse**	Dokumentation der Untersuchungsergebnisse aus: • Aktenanalyse(n) inkl. Vorgutachten • Exploration(en) • Verhaltensbeobachtung(en) • Tests und apparativen Verfahren • weiteren Untersuchungen (z. B. Fahrprobe) • ergänzenden Untersuchungen (z. B. von Fachärzten)
09	**Psychologischer Befund**	• Interpretation der Untersuchungsergebnisse im Hinblick auf die Fragestellung des Auftraggebers auf der Basis der zugrunde liegenden fachpsychologischen Arbeitshypothesen (ggf. einschließlich „Nullhypothese“ und „Alternativhypothese(n)“)
10	**Beantwortung aller Beweisfragen des Auftraggebers**	• Beantwortung der Beweisfrage(n) auf der Basis der psychologischen Befunde

Nr.	Gliederungspunkt	Einzelaspekte
11	**Datum und Unterschrift des Sachverständigen**	
12	**Literaturangaben**	
13	**Anhang (bei Bedarf)**	

Diese Standardgliederung erleichtert eine systematische Planung und Durchführung der psychologischen Begutachtung und gibt Hilfestellungen für eine ökonomische, systematisch nachvollziehbare und überzeugende Gutachtenplanung und Gutachtenerstellung.

4 Qualitätssicherung – Beurteilungskriterien und Anforderungen an psychologische Gutachten

Aus den Rechtsgrundlagen der Sachverständigen- bzw. Gutachtertätigkeit und den Methoden und Prinzipien psychologischer Begutachtung lassen sich Beurteilungskriterien und Anforderungen an die Qualität psychologischer Gutachten ableiten.

Maßgeblich ist dabei neben den Standards einer hypothesengeleiteten psychologischen Diagnostik die Perspektive des Auftraggebers in Bezug auf den Nutzen, die Transparenz und Überzeugungskraft des Gutachtens.

Sowohl der Auftraggeber als auch die am Begutachtungsprozess beteiligten Personen haben Erwartungen an die Fachkompetenz des Sachverständigen bzw. Gutachters, seine Neutralität, Objektivität, Unabhängigkeit, Unbestechlichkeit und an den dem Datenschutz entsprechenden Umgang mit den erhobenen Daten.

Wesentliche Forderungen an das psychologische Gutachten sind die logische Nachvollziehbarkeit und die sachliche Nachprüfbarkeit des Gutachtens, so dass es sowohl für den Auftraggeber als auch für die Begutachteten und andere Verfahrensbeteiligte überzeugend ist (s. dazu die folgende Übersichtstabelle nach Zuschlag 2002, Kühne 2003).

Tab. 3 Beurteilungskriterien – Anforderungen an die Qualität psychologischer Gutachten

▷ **Qualitätserwartungen des Auftraggebers**	
Qualitätskriterien	**Anforderungen an psychologische Gutachten und psychologische Gutachter**
1. Nutzen des Gutachtens für den Auftraggeber	• Beantwortung der (sachgerecht) gestellten Frage(n) • angemessener Bearbeitungszeitraum • vertretbare Relation von Kosten und Nutzen

Qualitätskriterien	Anforderungen an psychologische Gutachten und psychologische Gutachter
2. Fachkompetenz des psychologischen Gutachters	• einschlägige Berufsausbildung (wissenschaftliches Studium der Psychologie mit Abschluss, d. h. in der Regel bisher Diplom oder Promotion) • Sachkenntnisse in dem jeweiligen Fachgebiet nach aktuellem Stand der Wissenschaft • Kenntnis der einschlägigen Fachliteratur • Beherrschung der (hypothesengeleiteten) psychologischen Differenzialdiagnostik • einschlägige mehrjährige Berufserfahrung
3. Neutralität, Objektivität, Unabhängigkeit, Unbestechlichkeit, Verschwiegenheit	• Unabhängigkeit von den am Begutachtungsprozess Beteiligten • neutrales Verhalten gegenüber den Beteiligten • Vorurteilsfreiheit • Objektivität bei der Planung, Durchführung und Auswertung der Untersuchung sowie bei der Interpretation der Untersuchungsergebnisse • Datenerhebung ausschließlich bezogen auf die Fragestellung(en) • Verwertung aller erhobenen Daten • sichere Aufbewahrung der Daten und Akten • Einhaltung des Datenschutzes (nach Datenschutzgesetz) • Einhaltung der Schweigepflicht (§ 203 StGB, s. Anhang 9.2) • Unbestechlichkeit
4. Lesbarkeit und Verständlichkeit des Gutachtens	• Dokumentation der Auftragsdaten (Geschäfts- und Aktenzeichen etc.) • übersichtliche Textorganisation • übersichtliche Gutachtengliederung • gut lesbares Schriftbild • verständliche Formulierungen • Vermeiden von unnötigen Abkürzungen • präzise Wortwahl (ggf. Erläuterung von Fachausdrücken) • Rechtschreibung, Grammatik und Zeichensetzung nach Dudenregeln • ggf. Abbildungen etc. zur Veranschaulichung

Qualitätskriterien	Anforderungen an psychologische Gutachten und psychologische Gutachter
5. Nachvollziehbarkeit des Gutachtens	• konkrete Wiedergabe der Fragestellung (wörtliches Zitat) • ggf. Beratung des Auftraggebers bei der Formulierung einer sachgerechten Fragestellung für das psychologische Gutachten • sachgerechte Strukturierung der Fragestellung des Auftraggebers aus der Perspektive des psychologischen Sachverständigen im Rahmen seiner fachpsychologischen Arbeitshypothesen • getrennte Darstellung von Untersuchungsergebnissen (d. h. Daten) und psychologischem Befund (d. h. Interpretation) • Eindeutigkeit der gutacht(er)lichen Feststellungen • Widerspruchsfreiheit der Argumentation • vollständige Beantwortung aller vom Auftraggeber gestellten Fragen • nachvollziehbare Begründung der Feststellungen und Schlussfolgerungen des Sachverständigen
6. Nachprüfbarkeit des Gutachtens	• Angabe aller Informations- und Datenquellen • Information über die differenzialdiagnostischen Überlegungen sowie über die angewandten Untersuchungsverfahren, deren Zielsetzung, Auswertung und Normierung • präzise Darstellung des Untersuchungsablaufs und der Untersuchungsergebnisse • Information über (eventuell hinzugezogene) Hilfskräfte • Information über die Auswertungsmethoden und Beurteilungskriterien (Normen etc.) • Information über eventuelle Zusatzgutachten oder Stellungnahmen zu Spezialfragen von anderen Experten.
7. Überzeugungskraft des Gutachtens	• Präzise Erfassung und Wiedergabe der Fragestellung(en) des Auftraggebers • klare und übersichtliche Gutachtengliederung

<table>
<tr><th>Qualitätskriterien</th><th>Anforderungen
an psychologische Gutachten
und psychologische Gutachter</th></tr>
<tr><td></td><td>• Überzeugende (hypothesengeleitete) psychologische Differenzialdiagnostik mit sachgerechten psychologischen Arbeitshypothesen
• klare Trennung von Untersuchungsergebnissen (Daten) und psychologischen Befunden (Interpretation)
• Eindeutigkeit der Ausführungen des Sachverständigen
• logisch überzeugende Argumentation
• Widerspruchsfreiheit der Ausführungen des Sachverständigen
• sachgerechte Gewichtung der Untersuchungsergebnisse
• Verzicht auf fragwürdige Annahmen, Vermutungen und Spekulationen
• fachlich fundierte und überzeugende Formulierung fachpsychologischer Arbeitshypothesen
• verständliche und logisch überzeugende Beantwortung der vom Auftraggeber gestellten Frage(n)</td></tr>
<tr><td colspan="2">▷ Akzeptanz des Gutachtens durch den Auftraggeber bei angemessener Erfüllung seiner Qualitätserwartungen</td></tr>
</table>

5 Fragestellungen von Gerichten und Justizbehörden

Um die Vielfalt der Probleme zu veranschaulichen, zu deren Lösung psychologische Gutachten beitragen, wird hier – ohne Anspruch auf Vollständigkeit – eine Reihe von Fragestellungen, Arbeitsfeldern und Aufgabenbereichen exemplarisch angeführt:

5.1 Zivilrecht

5.1.1 Allgemeine zivilrechtliche Fragestellungen

- Geschäftsunfähigkeit (§ 104 BGB)
- Prozessfähigkeit (§ 52 ZPO)
- Testierunfähigkeit (§ 2229 Abs. 4 BGB)
- Namensänderung (§12 BGB)
- Ausschluss und Minderung der Verantwortlichkeit (§ 827 BGB)

5.1.2 Familien- und Vormundschaftsrecht

- Anerkennung und Zustimmung bei fehlender oder beschränkter Geschäftsfähigkeit (§ 1596 BGB / KindRVerbG)
- Namen bei nachträglicher gemeinsamer Sorge oder Scheinvaterschaft (§ 1617b BGB)
- Einbenennung (§ 1618 BGB / KindRVerbG)
- Elterliche Sorge bei Pflegerbestellung oder Familienpflege (§ 1630 BGB)
- Inhalt und Grenzen der Personensorge (§ 1631 (1) BGB)
- Verbot entwürdigender Erziehungsmaßnahmen (§ 1631 (2) BGB)
- Begründung der Vormundschaft – Voraussetzungen (§ 1773 BGB)
- Gerichtliche Maßnahmen bei Gefährdung des Kindeswohls (§ 1666 BGB)
- Grundsatz der Verhältnismäßigkeit; Vorrang öffentlicher Hilfen (§ 1666a (1) BGB / KindRVerbG)

- Trennung des Kindes von der elterlichen Familie, Entziehung der Personensorge insgesamt (§ 1666a (2) BGB)
- Übertragung der Alleinsorge nach bisheriger gemeinsamer elterlicher Sorge bei Getrenntleben der Eltern (§ 1671 BGB)
- Elterliche Sorge (§§ 1672, 1687 BGB)
- Übertragung der Alleinsorge auf den Vater, Begründung gemeinsamer Sorge (§ 1672 BGB)
- Umgang des Kindes mit den Eltern (§ 1684 (1) BGB)
- Begleiteter Umgang (§ 1684 (4) BGB)
- Umgang des Kindes mit anderen Bezugspersonen (§ 1685 BGB)
- Annahme als Kind (Adoption) (§§ 1741-1766 BGB)
- Ergänzungspflegschaft (§ 1909 BGB)

5.1.3 Betreuungsrecht

- Rechtliche Betreuung (§§ 1896-1908i BGB)
- Ergänzungspflegschaft (§ 1909 BGB)
- Aufhebung oder Änderung von Betreuung und Einwilligungsvorbehalt (§ 1908d BGB)

5.2 Strafrecht

5.2.1 Allgemeine strafrechtliche Fragestellungen

- Glaubhaftigkeit von Zeugenaussagen
- Psychophysiologische Aussagebeurteilung
- Zuverlässigkeit der Identifikation von Tatverdächtigen durch Augenzeugen

5.2.2 Jugendstrafrecht

- Strafrechtliche Verantwortlichkeit jugendlicher Täter (§ 3 JGG)
- Anwendung des Jugendstrafrechts auf Heranwachsende (§ 105 JGG)
- Hilfe zur Erziehung (§ 12 JGG)

5.2.3 Erwachsenenstrafrecht

- Verbotsirrtum (§ 17 StGB)
- Schuldunfähigkeit wegen seelischer Störungen (§ 20 StGB)
- Verminderte Schuldfähigkeit (§ 21 StGB)
- Strafaussetzung zur Bewährung (§§ 56 ff. StGB)
- Aussetzung des Strafrests bei zeitiger Freiheitsstrafe (Prognose zur bedingten Entlassung) (§ 57 StGB)
- Unterbringung in einem psychiatrischen Krankenhaus (Gefährlichkeit aufgrund einer schweren psychischen Störung) (§ 63 StGB)
- Unterbringung in einer Entziehungsanstalt (Gefährlichkeit aufgrund von Alkoholabhängigkeit) (§ 64 StGB)
- Führungsaufsicht bei Straftätern (§§ 68 ff. StGB)
- Gnadengesuche (§ 6 GnadenO)

5.3 Justiz- und Maßregelvollzug

- Unterbringung in einem psychiatrischen Krankenhaus (§ 63 StGB)
- Unterbringung in einer Entziehungsanstalt (§ 64 StGB)
- Unterbringung in der Sicherungsverwahrung (§ 66 StGB)
- Überweisung in den Vollzug einer anderen Maßregel (§ 67a StGB)
- Eignung für Vollzugslockerung(en): Lockerung des Vollzuges (§ 11 StVollzG)
- Weisungen, Aufhebung von Lockerungen und Urlaub (§ 14 StVollzG)
- Dauer der Unterbringung (§ 67d StGB)
- Überprüfung (der Aussetzung der Vollstreckung der Unterbringung zur Bewährung) (§ 67e StGB)
- Führungsaufsicht und Aussetzung zur Bewährung (§ 68g StGB)
- Einschätzung des Behandlungserfolges bei Vollzugslockerungen und Entlassung
- Einschätzung der Gefährlichkeit bei Vollzugslockerungen und Entlassung

5.4 Arbeits- und Sozialrecht

- Gewährung einer Rente wegen teilweiser Erwerbsminderung (SGB VI § 43)
- Altersrente für schwerbehinderte Menschen (SGB VI § 37)
- Berufseignung
- Umschulung

5.5 Verwaltungsrecht

5.5.1 Schullaufbahn und Bildungsberatung

- Diagnose von Lern- und Leistungsstörungen
- Diagnose von Verhaltensauffälligkeiten
- Schullaufbahnberatung
- Zulassung zum Studium (sog. Härtefall)
- Wechsel des Studienortes/-faches
- Stellungnahmen zu sonderpädagogischen Gutachten (im Rahmen der Überprüfung auf sonderpädagogischen Förderbedarf)

5.5.2 Waffengesetz

- Persönliche Eignung zur Benutzung einer Schusswaffe (§ 6 WaffG)

5.5.3 Verkehrsrecht

Begutachtungen der Fahreignung konzentrieren sich auf Fragestellungen im Zusammenhang mit der Beurteilung der geistigen und körperlichen Eignung der Verkehrsteilnehmer (der Straßenverkehrsbehörde) nach verschiedenen Anlassgruppen (hier dargestellt nach der Strukturierung der Bundesanstalt für Straßenwesen (BASt) in den in der ZVS regelmäßig veröffentlichten Jahresstatistiken):

A) Untersuchungen von körperlichen und geistigen Mängeln bzw. neurologisch-psychiatrischen Mängeln bzw. Auffälligkeiten bei der Fahrerlaubnisprüfung bei folgenden Problemfällen:

a) Fahrerlaubnis auf Probe (bei Zuwiderhandlungen während der Probezeit, die Zweifel an der Fahreignung begründen) (§ 2a StVG)
b) Punktsystem („Punktetäter“ nach Entzug der Fahrerlaubnis) (§ 4 Abs. 10 StVG)
c) Eignung (§ 11 Abs. 3 FeV):
Beibringung eines Gutachtens einer amtlich anerkannten Begutachtungsstelle für Fahreignung
„1. wenn nach Würdigung der Gutachten gemäß Absatz 2 oder Absatz 4 ein medizinisch-psychologisches Gutachten zusätzlich erforderlich ist,
2. zur Vorbereitung einer Entscheidung über die Befreiung von den Vorschriften über das Mindestalter,
3. bei erheblichen Auffälligkeiten, die im Rahmen einer Fahrerlaubnisprüfung nach § 18 Abs. 3 mitgeteilt worden sind,
4. bei Straftaten, die im Zusammenhang mit dem Straßenverkehr oder im Zusammenhang mit der Kraftfahreignung stehen oder bei denen Anhaltspunkte für ein hohes Aggressionspotential bestehen oder
5. bei der Neuerteilung der Fahrerlaubnis, wenn
a) die Fahrerlaubnis wiederholt entzogen war oder
b) der Entzug der Fahrerlaubnis auf einem Grund nach Nummer 4 beruhte.“
d) Klärung von Eignungszweifeln bei Alkoholproblematik (§ 13 FeV)
e) Klärung von Eignungszweifeln im Hinblick auf Betäubungsmittel und Arzneimittel (§ 14 FeV)

B) Untersuchungen bei Tatauffälligen:
a) Verkehrsauffälligkeiten (§ 24 a StVG)
b) Sonstige strafrechtliche Auffälligkeiten

C) Alkoholauffällige (§ 13 Nr. 2 FeV)

D) Betäubungsmittel- und Medikamentenauffällige

E) Untersuchungen bei Mehrfachfragestellungen (§ 11 Abs. 6 FeV)
a) Alkohol in Kombination mit allgemeinen Verkehrsauffälligkeiten bzw. sonstigen strafrechtlichen Auffälligkeiten
b) Alkohol in Kombination mit sonstigen Drogen und Medikamenten
c) Allgemeine Verkehrsauffälligkeiten in Kombination mit sonstigen strafrechtlichen Auffälligkeiten
d) Sonstige Drogen und Medikamente in Kombination mit allgemeinen Verkehrsauffälligkeiten
e) Sonstige Mehrfachfragestellungen

F) Untersuchungen nach § 10 Abs. 2 und § 11 Abs. 3 Nr. 2 FeV (Mindestalter)

G) Untersuchungen nach § 3 und § 33 Abs. 3 FahrlG (Bewerber um eine Fahrlehrererlaubnis und bei Bedenken gegen die geistige und körperliche Eignung des Fahrlehrers)

H) Sonstige Anlässe (mit Erläuterungen)

6 Fragestellungen anderer Behörden und Organisationen

6.1 Bundesagentur für Arbeit (örtliche Arbeitsagenturen)

- Berufseignung
- Berufs- und Berufslaufbahnberatung
- Umschulung

6.2 Bundeswehr

- Personalauswahl
- Platzierung
- Laufbahnberatung

6.3 Versicherungsträger (z. B. durch MDK oder beauftragte Gutachter)

- Minderung der Erwerbsfähigkeit (bzw. Berufs(un)fähigkeit)
- Arbeits- und Erwerbsunfähigkeit
- Möglichkeiten der Weiterbildung/Umschulung zum Wiedereinstieg in den Beruf
- Gesundheitliche bzw. berufliche Rehabilitation
- Begründung psychotherapeutischer Interventionen bei psychischen Störungen und/oder körperlichen Erkrankungen

6.4 Kliniken und Gesundheitsbehörden

- Psychotherapeutische Interventionen
- Psychologische Zusatzgutachten zu psychiatrischen Gutachten (z. B. bei Geschlechtsangleichung nach dem Transsexuellengesetz)
- Begutachtung der Psychotherapie-Qualität (für Krankenkassen; nach den Psychotherapie-Richtlinien)

6.5 Wirtschafts- und Industrieunternehmen

- Einstellung, Platzierung, Personalentwicklung
- Eignung für Fahr-, Steuer- und Überwachungstätigkeit (G 25 [Berufsgenossenschaftliche Grundsätze für arbeitsmedizinische Vorsorgeuntersuchungen bei Fahr-, Steuer- und Überwachungstätigkeit])

7 Vergütung von psychologischen Gutachten nach dem Justizvergütungs- und -entschädigungsgesetz (JVEG) vom 1. Juli 2004

Psychologische Gutachten im Auftrag der Justizbehörden (Gerichte, Staatsanwaltschaft etc.) sind normalerweise nach den Vorschriften des Justizvergütungs- und -entschädigungsgesetzes (JVEG) abzurechnen.

Die Abrechnung von Gutachten im behördlichen Auftrag sowie die von Stellungnahmen und Berichten von Privatpersonen sollte sich grundsätzlich auch an dem durch das JVEG gesetzten sachlichen Rahmen orientieren.

Die Höhe der Gutachterhonorare kann aber jeweils mit dem Auftraggeber für den Einzelfall mit auftragsangemessenen Honorarsätzen etc. auch abweichend vom JVEG individuell vereinbart werden. Der Sachverständige hat – unvoreingenommen betrachtet – nicht nur ein Anrecht auf „Entschädigung", sondern einen regulären Honoraranspruch in einer Höhe, die die Existenz eines Berufssachverständigen ermöglicht und ihn insoweit einkommensmäßig vergleichbaren Berufsgruppen gleichstellt.

Es gilt allerdings, was der BGH (DS 2004,144) klargestellt hat:

„Abzustellen ist weiterhin nicht auf die tatsächlich aufgewendete, sondern auf die Zeit, die ein durchschnittlich schnell arbeitender Sachverständiger aufwendet. Auch nach diesem neuen Recht kann der Sachverständige Vergütung nicht für eine über den gerichtlichen Auftrag hinausgehende Arbeitsweise erhalten."

Die Lektüre des Gesetzes ist jedem Gutachter zu empfehlen, bevor er seine Rechnung schreibt.

Das JVEG enthält folgende Regelungen:

1 Allgemeine Vorschriften

§ 1 Geltungsbereich und Anspruchsberechtigte
§ 2 Geltendmachung und Erlöschen des Anspruchs, Verjährung
§ 3 Vorschuss
§ 4 Gerichtliche Festsetzung und Beschwerde

2 Gemeinsame Vorschriften

§ 5 Fahrtkostenersatz
§ 6 Entschädigung für Aufwand
§ 7 Ersatz für sonstige Aufwendungen

3 Vergütung von Sachverständigen, Dolmetschern und Übersetzern

§ 8 Grundsatz der Vergütung

„(1) Sachverständige, Dolmetscher und Übersetzer erhalten als Vergütung
1. ein Honorar für ihre Leistungen (§§ 9 bis 11),
2. Fahrtkostenersatz (§ 5),
3. Entschädigung für Aufwand (§ 6) sowie
4. Ersatz für sonstige und für besondere Aufwendungen (§§ 7 und 12).“

§ 9 Honorar für die Leistungen der Sachverständigen und Dolmetscher; die Honorarsätze variieren je nach Honorargruppe (1-10, M1-M3) von 50 € bis 85 €.

§ 10 Honorar für besondere Leistungen
§ 11 Honorar für Übersetzungen
§ 12 Ersatz für besondere Aufwendungen
§ 13 Besondere Vergütung

„(1) Haben sich die Parteien dem Gericht gegenüber mit einer bestimmten oder abweichend von der gesetzlichen Regelung zu bemessenden Vergütung einverstanden erklärt, ist diese Vergütung zu gewähren, wenn ein ausreichender Betrag an die Staatskasse gezahlt wird.“

§ 14 Vereinbarung der Vergütung

„Mit Sachverständigen, Dolmetschern und Übersetzern, die häufiger herangezogen werden, kann die oberste Landesbehörde oder die von ihr bestimmte Stelle eine Vereinbarung über die zu gewährende Vergütung treffen, deren Höhe die nach diesem Gesetz vorgesehene Vergütung nicht überschreiten darf.“

4 Entschädigung von ehrenamtlichen Richtern

(§§ 15-18)

5 Entschädigung von Zeugen und Dritten

Diese Regelungen für Zeugen können für Sachverständige relevant werden, wenn sie z. B. als „sachverständige Zeugen“ geladen werden. Es entsteht dann nämlich kein Anspruch auf Sachverständigenhonorar, sondern nur auf die (wesentlich geringere) Entschädigung als „Zeuge“.

§ 19 Grundsatz der Entschädigung

„(1) Zeugen erhalten als Entschädigung
1. Fahrtkostenersatz (§ 5),
2. Entschädigung für Aufwand (§ 6),
3. Ersatz für sonstige Aufwendungen (§ 7),
4. Entschädigung für Zeitversäumnis (§ 20),
5. Entschädigung für Nachteile bei der Haushaltsführung (§ 21) sowie
6. Entschädigung für Verdienstausfall (§ 22).
Dies gilt auch bei schriftlicher Beantwortung der Beweisfrage.“

§ 20 Entschädigung für Zeitversäumnis

„Die Entschädigung für Zeitversäumnis beträgt 5 € je Stunde.“

§ 21 Entschädigung für Nachteile bei der Haushaltsführung

§ 22 Entschädigung für Verdienstausfall

„Für den Verdienstausfall wird neben der Entschädigung nach § 16 eine zusätzliche Entschädigung gewährt, die sich nach dem regelmäßigen Bruttoverdienst einschließlich Sozialversicherungsbeiträge richtet, jedoch höchstens 20 € je Stunde beträgt.“

§ 23 Entschädigung Dritter

6 Schlussvorschriften

(§§ 24, 25)

Für manche Gutachten, wie z. B. im Zusammenhang mit der verwaltungsrechtlichen Frage zur Fahreignung, gelten besondere Gebührenordnungen (hier: GebOSt Anl. zu § 1; „3. Untersuchungen der amtlich anerkannten Begutachtungsstellen für Fahreignung“).

8 Literaturhinweise für psychologische Sachverständige bzw. Gutachter

8.1 Berufsethische und rechtliche Grundlagen, Gesetze und Kommentare

Bayerlein, W. (Hrsg., 1996). Haftung. Praxishandbuch Sachverständigenrecht. München: C. H. Beck (2. Auflage).

Blau, G. (1973). Schweigepflicht und Schweigerecht der Fachpsychologen. NJW 26, 2234-2239.

Calliess, P. R. & Müller-Dietz, H. (2002). Strafvollzugsgesetz – Gesetz über den Vollzug der Freiheitsstrafe und der freiheitsentziehenden Maßnahmen, Maßregeln der Besserung und Sicherung mit ergänzenden Bestimmungen. München: C. H. Beck.

Creifelds Rechtswörterbuch (s. Kauffmann, H. & Weber, K.; Hrsg., 2002, 17. Auflage).

Deutsche Gesellschaft für Psychologie & Berufsverband deutscher Psychologinnen und Psychologen (1995). Ethische Richtlinien der DGPs und des BDP – zugleich Berufsordnung des BDP. Bonn: Deutscher Psychologen Verlag.

Fahrerlaubnisverordnung. Bundesgesetzblatt (1998). Teil 1, Heft 55, 2214.

Kauffmann, H. & Weber, K. (Hrsg., 2002). Creifelds Rechtswörterbuch. München: C. H. Beck (17. Auflage).

Kühne, H.-H. (1986). Berufsrecht für Psychologen. Baden-Baden: Nomos.

Löwe, E. & Rosenberg, W. (1999). Die Strafprozessordnung und das Gerichtsverfassungsgesetz. Berlin: de Gruyter (25. Auflage).

Lüderitz, A. (1999). Familienrecht, begründet von G. Beitzke. München: C. H. Beck (27. Auflage).

Münder, J. (2000). Familien- und Jugendhilferecht. Neuwied: Luchterhand.

Peters, K. (1967). Die prozessrechtliche Stellung des psychologischen Sachverständigen. In U. Undeutsch (Hrsg.). Handbuch der Psychologie, Bd. 11: Forensische Psychologie, Göttingen: Hogrefe, 768-800.

Rasch, W. (1992). Die Auswahl des richtigen Psycho-Sachverständigen im Strafverfahren, Neue Zeitschrift für Strafrecht, 12, 257-304.

Rauscher, T. (1998). Das Umgangsrecht im Kindschaftsrechtsreformgesetz. Zeitschrift für das gesamte Familienrecht, 45, 329-341.

Salgo, L., Zenz, G. & Fegert, J. (2002). Verfahrenspflegschaft für Kinder und Jugendliche. Praxishandbuch. Köln: Bundesanzeiger.

Salgo, L. (2003). Rechtliche Grundlagen (BGB). Vorgaben des Kindschaftsrechtsreformgesetzes für die Begutachtung in familienrechtlichen Fallkonstellationen. In R. Lempp, G. Schütze & G. Köhnken (Hrsg.). Forensische Psychiatrie und Psychologie des Kindes- und Jugendalters. Darmstadt: Steinkopff (2. Auflage), 23-46.

Schaffstein, F. & Beulke, W. (2002). Jugendstrafrecht – eine systematische Darstellung. Stuttgart: Kohlhammer (14. Auflage).

Schellhorn, W. (1999). Jugendhilferecht. Neuwied: Luchterhand (6. Auflage).

Schellhorn, W. & Wienand, M. (2000). Sozialgesetzbuch, Achtes Buch, Kinder- und Jugendhilfe – SGB VIII, KJHG. Neuwied: Luchterhand (2. Auflage).

Schönfelder, H. (Dez. 2005). Deutsche Gesetze. Loseblattsammlung. München: C. H. Beck.

Schönke, A., Schröder, H. & Lenckner, T. (2001). Strafgesetzbuch – Kommentar. München: C. H. Beck'sche Verlagsbuchhandlung (26. Auflage).

Schumacher, D. & Schumacher-Merz, I. (1982). Rechtsbedingungen psychologischer Diagnostik. In K. J. Groffmann & L. Michel (Hrsg.). Psychologische Diagnostik – Persönlichkeitsdiagnostik. Enzyklopädie der Psychologie Bd. 1. Göttingen: Hogrefe, 538-567.

Schwab, D. (1998). Elterliche Sorge bei Trennung und Scheidung der Eltern. Die Neuregelung des Kindschaftsrechtsreformgesetzes. Zeitschrift für das gesamte Familienrecht, 45, 457-472.

Schwind, H.-D. & Böhm, A. (1999). Strafvollzugsgesetz – Kommentar. Berlin: de Gruyter (3. Auflage).

Schreiber, H.-L. & Rosenau, H. (2004). Der Sachverständige im Verfahren und in der Verhandlung. In U. Venzlaff & K. Foerster (Hrsg.). Psychiatrische Begutachtung – ein praktisches Handbuch für Ärzte und Juristen. München – Jena: Urban & Fischer (4. Auflage), 125-138.

Schreiber, H.-L. & Rosenau, H. (2004). Rechtliche Grundlagen der psychiatrischen Begutachtung. In U. Venzlaff & K. Foerster (Hrsg.). Psychiatrische Begutachtung – ein praktisches Handbuch für Ärzte und Juristen. München – Jena: Urban & Fischer (4. Auflage), 53-124.

Straßenverkehrsrecht. Beck'sche Textausgaben. München: C. H. Beck.

Straßenverkehrsgesetz. Bundesgesetzblatt I (5. März 2003), 310.

Tröndle, H. & Fischer, T. (2002). Strafgesetzbuch und Nebengesetze. Kurzkommentar. München: C. H. Beck (51. Auflage).

Uertz, P. (1997). Rechtliche Aspekte der Personalauswahl und Eignungsuntersuchung. In F. Baumgärtel, F.-W. Wilker & U. Winterfeld (Hrsg.). Innovation und Erfahrung – Analysen, Planungen und Erfahrungsberichte aus psychologischen Arbeitsfeldern. Bonn: Deutscher Psychologen Verlag, 286-295.

Zimmermann, P. (2002). Seit dem 01.08.2002 gilt neues Recht zur Haftung gerichtlich ernannter Sachverständiger. Der Sachverständige 11/2002, 300-305.

8.2 Psychodiagnostische Grundlagen der Begutachtung

Amelang, M & Zielinski, W. (2003). Psychologische Diagnostik und Intervention. Berlin: Springer.

Börner, K. (2004). Das psychologische Gutachten – ein praktischer Leitfaden. Weinheim: Beltz (7. Auflage).

Brähler, E., Holling, H., Leutner, D. & Petermann, F. (2002). Brickenkamp Handbuch psychologischer und pädagogischer Tests. Bd. 1 und 2. Göttingen: Hogrefe (3., vollständig überarbeitete und erweiterte Auflage).

Dilling, H. u. a. (2000). Internationale Klassifikation psychischer Störungen (ICD 10 Kapitel V (F) Klinisch-diagnostische Leitlinien). Bern: Hans Huber (4. Auflage).

Fisseni, H.-J. (1992). Persönlichkeitsbeurteilung. Zur Theorie und Praxis des psychologischen Gutachtens. Eine Einführung. Göttingen: Hogrefe.

Fisseni, H.-J. (2004). Lehrbuch der psychologischen Diagnostik. Göttingen: Hogrefe (3., überarbeitete und erweiterte Auflage).

Hartje, W. (2004). Neuropsychologische Begutachtung. Göttingen: Hogrefe.

Jäger, R. S. & Petermann, F. (1999). Psychologische Diagnostik – eine Einführung. Weinheim: Beltz *PVU* (4. Auflage).

Kanning, U. P. (1999). Die Psychologie der Personenbeurteilung. Göttingen: Hogrefe.

Klosinski, G. (Hrsg., 2003). Empfehlungen der Kommission „Qualitätssicherung für das Gutachtenwesen in der Kinder- und Jugendpsychiatrie und Psychotherapie". Köln: Deutscher Ärzte-Verlag.

Kühne, A. (1990). Psychologische Begutachtung bei Gericht – Fragestellungen und neuere Aspekte. psychomed, 2, 260-265.

Kühne, A. (1996). Kriterien und Qualitätsstandards der psychologischen Begutachtung bei familienrechtlichen Fragestellungen. Familie – Partnerschaft – Recht, 2 (4), 184-187.

Kühne, A. (2003). Kriterien und Qualitätsstandards der psychologischen Begutachtung bei familienrechtlichen Fragestellungen. In H.-H. Rotax (Hrsg.). Praxis des Familienrechts. Münster: ZAP-Verlag, 304-407.

Lempp, R., Schütze, G. & Köhnken, G. (Hrsg.). Forensische Psychiatrie und Psychologie des Kindes- und Jugendalters. Darmstadt: Steinkopff (2. Auflage).

Saß, H., Wittchen, H.-U., Zaudig, M. & Houben, I. (2003). Diagnostisches und Statistisches Manual Psychischer Störungen – Textrevision – DSM IV-TR. Göttingen: Hogrefe.

Schmidt, L. (1982). Diagnostische Begutachtung. In K.-J. Groffmann & L. Michel (Hrsg.). Enzyklopädie der Psychologie, Psychologische Diagnostik, Bd. 1: Grundlagen psychologischer Diagnostik. Göttingen: Hogrefe, 467-537.

Thomae, H. (1967). Prinzipien und Formen der Gestaltung psychologischer Gutachten. In U. Undeutsch (Hrsg.). Forensische Psychologie. Handbuch der Psychologie Bd. 11. Göttingen: Hogrefe, 743-767.

Undeutsch, U. (Hrsg., 1967). Forensische Psychologie. Handbuch der Psychologie, Bd. 11. Göttingen: Hogrefe.

Undeutsch, U. (1982). Exploration. In H. Feger & J. Bredenkamp (Hrsg.). Datenerhebung. Enzyklopädie der Psychologie, Bd. II. Göttingen: Hogrefe, 321-361.

Undeutsch, U. (1983). Vernehmung und non-verbale Information. In E. Kube, H.-U. Störzer & S. Brugger (Hrsg.). Wissenschaftliche Kriminalistik. Wiesbaden: Schriftenreihe des BKA. 16 /1, 389-418.

Volbert, R. (2006). Forensisch-psychologische Diagnostik. Göttingen: Hogrefe.

Warnke, A., Trott, G.-E. & Remschmidt, H. (Hrsg., 1997). Forensische Kinder- und Jugendpsychiatrie – ein Handbuch für Klinik und Praxis. Bern: Huber.

Westhoff, K. & Kluck, M.-L. (2003). Psychologische Gutachten schreiben und beurteilen. Berlin: Springer (4. Auflage).

Zuschlag, B. (2002). Das Gutachten des Sachverständigen. Rechtsgrundlagen, Fragestellungen, Gliederung, Rationalisierung. Stuttgart – Göttingen: Verlag für Angewandte Psychologie (2. Auflage).

8.3 Psychologische und juristische Fachzeitschriften

Der Amtsvormund
Archiv für Kriminologie
Der Sachverständige
Diagnostica
Familie, Partnerschaft, Recht
Familie und Recht (FuR)
Kindschaftsrechtliche Praxis Kriminalistik
Kriminologisches Journal
Monatsschrift für Kriminologie und Strafrechtsreform
Neue Juristische Wochenschrift
Neue Zeitschrift für Strafrecht
Neue Zeitschrift für Verkehrsrecht
Praxis der Rechtspsychologie u. a.:

- Aussagepsychologie (Heft 2, Nov. 1997)
- Aussagepsychologie/BGH-Gutachten (Sonderheft, Juli 1999)
- Aussagepsychologie/BGH-Gutachten (Heft 2, Nov. 1999)
- Glaubhaftigkeitsbegutachtung (Sonderheft 1, Nov. 2000)
- Schuldfähigkeit (Heft 2, Dez. 2000)
- Straf- und Maßregelvollzug/Prognosebegutachtung (Heft 2, Dez. 2002)
- Methoden der Begutachtung (Heft 1, Juni 2004)

Psychologische Rundschau
Recht der Jugend und des Bildungswesens
Recht und Psychiatrie
Report Psychologie
Sozialgerichtsbarkeit
Der Strafverteidiger
Zeitschrift für Bewährungshilfe (Fachzeitschrift für Bewährungs-, Gerichts- und Straffälligenhilfe)

Zeitschrift für das gesamte Familienrecht (FamRZ)
Zeitschrift für Psychologie
Zeitschrift für Sexualforschung
Zeitschrift für Verkehrssicherheit
Zentralblatt für Jugendrecht und Jugendhilfe

8.4 Fachgebiete aus dem Zivilrecht

8.4.1 Allgemeine Fragen

Büttner, H. (1998). Änderungen im Familienverfahrensrecht durch das Kindschaftsrechtsreformgesetz. Zeitschrift für das gesamte Familienrecht, 45, 585-594.

Coester, M. (1991). Die Bedeutung des Kinder- und Jugendhilfegesetzes (KJHG) für das Familienrecht. Zeitschrift für das gesamte Familienrecht, 31, 253-263.

Diederichsen, U. (2004). Zivilrecht – Juristische Voraussetzungen. In U. Venzlaff & K. Foerster (Hrsg.). Psychiatrische Begutachtung – ein praktisches Handbuch für Ärzte und Juristen. München – Jena: Urban & Fischer (4. Auflage), 453-502.

Ehinger, U. (1995). Rechtliche Informationen zur Begutachtung. Familie – Partnerschaft – Recht. 1, 68-71.

Foerster, K. (2004). Begutachtung bei zivilrechtlichen Fragestellungen. In U. Venzlaff & K. Foerster (Hrsg.). Psychiatrische Begutachtung – ein praktisches Handbuch für Ärzte und Juristen. München – Jena: Urban & Fischer (4. Auflage), 503-524.

Künkel, B. (1998). Neue Zuständigkeiten des Familiengerichts ab 1.7.1998. Zeitschrift für das gesamte Familienrecht. 45, 877-879.

Kunkel, P. (2003). Kinder- und Jugendhilfe/SGB VIII. Lehr- und Praxiskommentar. Baden-Baden: Nomos.

Nedopil, N. (1996). Forensische Psychiatrie: Klinik, Begutachtung und Behandlung zwischen Psychiatrie und Recht. Stuttgart: Thieme

8.4.2 Familien- und Vormundschaftsrecht

Arndt, J., Oberloskamp, H. & Balloff, R. (Hrsg., 1993). Gutachterliche Stellungnahmen in der sozialen Arbeit. Eine Anleitung mit Beispielen für die Mitwirkung in Vormundschafts- und Familiengerichtsverfahren. Neuwied: Luchterhand.

Deutsche Gesellschaft für Sexualforschung, Akademie für Sexualmedizin und Gesellschaft für Sexualwissenschaft (Hrsg., 1997). Standards zur Behandlung und Begutachtung von Transsexuellen. Z. f. Sexualforschung, H. 2, 147-156.

Finger, P. (1998). Gutachten in gerichtlichen Sorge- und Umgangsrechtsverfahren – Erwartungen an psychologische Sachverständige. Familie, Partnerschaft, Recht, 4, 224-229.

Fthenakis, W. E. (1995). Umgangsmodelle zur kindgerechten Gestaltung der Beziehungen zwischen Eltern und Kindern in der Nachscheidungsphase. Familie, Partnerschaft, Recht, 1, 94-98.

Harms, E. & Strehlow, B. (1999). Adoptivkind – Traumkind in der Realität – psychoanalytische Einblicke in die Probleme von adoptierten Kindern und ihren Familien. Idstein: Schulz-Kirchner Verlag.

Klosinski, G. (Hrsg., 2003). Begutachtung in der Kinder- und Jugendpsychiatrie. Köln: Deutscher Ärzte-Verlag.

Klußmann, R. W. & Stötzel, B. (1995). Das Kind im Rechtsstreit der Erwachsenen. München – Basel: Ernst Reinhard.

Kodjoe. U. O. & Koeppel, P. (1998). The Parental Alienation Syndrome (PAS). Der Amtsvormund, 10-22.

Kühne, A. (2003). Hartnäckige Umgangsverweigerung – Versuch einer psychologischen Analyse. In H.-H. Rotax (Hrsg.). Praxis des Familienrechts. Recklinghausen: ZAP-Verlag für die Rechts- und Anwaltspraxis, 356-363.

Limbach, J. (1988). Gemeinsame Sorge geschiedener Eltern. Heidelberg: Müller.

Maccoby, E. E. & Mnookin, R. H. (1995). Die Schwierigkeiten der Sorgerechtsregelung. Zeitschrift für das Gesamte Familienrecht, 1, 1-16.

Martinius, J. & Rainer F. (Hrsg., 1990). Vernachlässigung, Missbrauch und Misshandlung von Kindern – Erkennen – Bewusstmachen – Helfen. Bern: Hans Huber, 123-127.

Menne, K., Schilling, H. & Weber, M. (1993). Kinder im Scheidungskonflikt. Beratung von Kindern und Eltern bei Trennung und Scheidung. Weinheim: Juventa.

Nienstedt, M. & Westermann, A. (1989). Pflegekinder. Münster: Votum.
Oelkers, H., Kasten, H. & Oelkers, A. (1994). Gemeinsames Sorgerecht. Zeitschrift für das Gesamte Familienrecht, 17, 1081-1083.
Oelkers, H. (1995). Die Rechtsprechung zur elterlichen Sorge – eine Übersicht über die letzten fünf Jahre. Zeitschrift für das Gesamte Familienrecht, 42, 1097-1111.
Salgo, L. (1987). Pflegekindschaft und Staatsintervention. Darmstadt: Verlag für Wissenschaftliche Publikationen.
Salzgeber, J. (2001). Psychologische Sachverständige in familienrechtlichen Verfahren. München: C. H. Beck (3. Auflage).
Salzgeber, J. & Stadler, M. (1999). Parental Alienation Syndrom (PAS) – alter Wein in neuen Schläuchen. Familie, Partnerschaft, Recht, 4, 231-235.
Schwab, D. (Hrsg., 1995). Handbuch des Scheidungsrechts. München: Vahlen (3. Auflage).
Sieß, G. (1996). Die Änderung der Geschlechtszugehörigkeit. Das Transsexuellengesetz und seine praktische Anwendung in der Freiwilligen Gerichtsbarkeit. Konstanzer Schriften zur Rechtswissenschaft 103. Konstanz: Hartung-Gorre.
Walter, E. (1999). Begleiteter Umgang (§ 1684 Abs. 4 BGB) – Erfahrungen, Konzeptionen, Praxismodelle und neue Möglichkeiten. Familie, Partnerschaft, Recht, 5, 204-211.
Willutzki, S. (1998). Kindschaftsrechtsreform: Bedeutsame Änderungen im Sorge-, Umgangs- und Verfahrensrecht. Praxis der Rechtspsychologie 8, 137-141.

8.4.3 Betreuungsrecht

Bienwald, W. (1999). Betreuungsrecht. Kommentar zum BtG/BtBgBG. Bielefeld: Gieseking (3. Auflage).
Deinert, H. u. a. (1999). Das neue Betreuungsrecht. Berlin: Kommunales Bildungswerk.
Deinert, H. (2000). Das Recht des psychisch Kranken. Zusammenstellung bundes- und landesrechtlicher Vorschriften. Köln: Bundesanzeiger.
Denzler, P., Markowitsch, H. & Kessler, J. (1995). Demenz im Alter. Weinheim: Beltz.
Dodegge, G. & Roth, A. (2002). Systematischer Praxiskommentar. Köln: Bundesanzeiger.

Jünger, H. (1991). Das Betreuungsgesetz. Stuttgart: Deutscher Sparkassenverlag.

Jürgens, A., Kröger, D. & Marschner, R. (2002). Systematische Darstellung des gesamten Betreuungsrechts. München: C. H. Beck (5. Auflage).

Konrad, N. (1992). Aufgaben des psychowissenschaftlichen Sachverständigen im neuen Betreuungsrecht. Recht & Psychiatrie, 10 (1), 2-9.

Kröber, H.-L. & Steller, M. (Hrsg., 2005). Psychologische Begutachtung im Strafverfahren. Darmstadt: Steinkopf (2. Auflage).

Kruse, A. (2002). Produktives Leben im Alter II. Der Umgang mit Verlusten und der Endlichkeit des Lebens. In R. Oerter & L. Montada (Hrsg.). Entwicklungspsychologie. Weinheim: Beltz *PVU*, 982-990.

Lindenberger, U. (2002). Erwachsenenalter und Alter. In R. Oerter & L. Montada (Hrsg.). Entwicklungspsychologie. Weinheim: Beltz *PVU*, 350-392.

Mietzel, G. (1997). Wege in die Entwicklungspsychologie – Erwachsenenalter und Alter. München: Quintessenz

Oberloskamp, H., Schmidt-Koddenberg, A. & Ziers, E. (1992). Hauptamtliche Betreuer und Sachverständige. Köln: Bundesanzeiger.

Oerter, R. & Montada, L. (Hrsg.). Entwicklungspsychologie. Weinheim: Beltz *PVU*.

Raack, W. & Thar, J. (2001). Das Betreuungsrecht – ein Leitfaden. Köln: Bundesanzeiger (3. Auflage).

Seichter, J. (2003). Einführung in das Betreuungsrecht. Leitfaden für Praktiker des Betreuungsrechts, Heilberufe und Angehörige von Betreuten. Berlin: Springer (2. Auflage).

Staudinger, U. M. & Schindler, I. (2002). Produktives Leben im Alter I: Aufgaben, Funktionen und Kompetenzen. In R. Oerter & L. Montada (Hrsg.). Entwicklungspsychologie. Weinheim: Beltz *PVU*, 955-982.

8.5 Spezielle Fachgebiete aus dem Strafrecht

8.5.1 Zum Realitätsgehalt von Zeugenaussagen

Fegert, J. M. (1993). Sexuell missbrauchte Kinder und das Recht. (Bd. 2). Köln: Volksblatt.

Egie, U. T., Hoffmann, S. O. & Joraschky, P. (Hrsg., 1997). Sexueller Missbrauch, Misshandlung, Vernachlässigung. Stuttgart – New York: Schattauer.

Fiedler, K. & Schmidt, J. (1999). Gutachten über Methodik für Psychologische Glaubwürdigkeitsgutachten. Praxis der Rechtspsychologie, 9 (2), 5-45.

Greuel, L. (1994). Anatomische Puppen – Diagnostische Hilfsmittel im Brennpunkt der Kritik. Report Psychologie, 19. Jg., 16-27.

Greuel, L., Fabian, T. & Stadler, M. (Hrsg., 1997). Psychologie der Zeugenaussage – Ergebnisse der rechtspsychologischen Forschung. Weinheim: Beltz *PVU.*

Greuel, L., Offe, S., Fabian, A., Wetzeis, P., Fabian, T., Offe, H. & Stadler, M. (1998). Glaubhaftigkeit der Zeugenaussage – Theorie und Praxis der forensisch-psychologischen Begutachtung. Weinheim: Beltz *PVU.*

Greuel, L. (2002). Wirklichkeit – Erinnerung – Aussage. Weinheim: Beltz *PVU.*

Kluck, M.-L. & Müther, M. (1992). Missbrauch des Missbrauchs. psychomed, 4, 202-205.

Kraheck-Brägelmann, S. (Hrsg., 1993). Die Anhörung von Kindern als Opfer sexuellen Mißbrauchs. Rostock: Hanseatischer Fachverlag für Wirtschaft.

Kühne, A. & Kluck, M.-L. (1995). Sexueller Missbrauch – forensischpsychologische und psychodiagnostische Aspekte. Zeitschrift für das Gesamte Familienrecht, 16, 981-986.

Sporer, S. (1997). Kinder vor Gericht: soziale und kognitive Voraussetzungen der Aussagen von Kindern. Psychologische Rundschau, 48 (3), 141-162.

Steller, M. & Köhnken, G. (1989). Criteria-based Statement analysis. In: D. Raskin (Ed.). Psychological methods in criminal investigation and evidence. New York: Springer, 217-245.

Steller, M. & Volbert, R. (1997). Psychologie im Strafverfahren. Bern: Huber.

Steller, M. & Volbert, R. (1999). Forensisch-aussagepsychologische Begutachtung (Glaubwürdigkeitsbegutachtung). Praxis der Rechtspsychologie, 9 (2), 46-106.

Volbert, R. & Pieters, V. (1996). Suggestive Beeinflussung von Kinderaussagen. Psychologische Rundschau, 47, 183-198.

Undeutsch, U. (1967). Beurteilung der Glaubhaftigkeit von Zeugenaussagen. In U. Undeutsch (Hrsg.). Forensische Psychologie, Handbuch der Psychologie Bd. 11. Göttingen: Hogrefe, 26-181.

Undeutsch, U. (1983). Vernehmung und non-verbale Information. In: E. Kube, H.-U. Störzer & S. Brugger (Hrsg.). Wissenschaftliche Grundlagen und Perspektiven. Wiesbaden: Schriftenreihe des BKA, 16/1, 389-418.

8.5.2 Psychophysiologische Aussagebeurteilung

Fiedler, K. (1999). Gutachterliche Stellungnahme zur wissenschaftlichen Grundlage der Lügendetektion mit Hilfe sogenannter Polygraphentests. Praxis der Rechtspsychologie 9, 5-44.

Greuel, L. (1998). Der Einsatz des Polygraphen in der Behandlung und Überwachung hochrückfallgefährdeter Sexualstraftäter. Praxis der Rechtspsychologie, 8, 54-70.

Greuel, L. & Stadler, M. A. (1997). Formale Aspekte psychologischer Polygraphiegutachten. Praxis der Rechtspsychologie, 7 (2), 222-228.

Rill, H. G. & Vossel, G. (1998). Psychophysiologische Täterschaftsbeurteilung („Lügendetektor", „Polygraphie"): Eine kritische Analyse aus psychophysiologischer und psychodiagnostischer Sicht. Neue Zeitschrift für Strafrecht, 18, 482-486.

Steller, M. & Dahle, K.-P. (1999). Grundlagen, Methoden und Anwendungsprobleme psychophysiologischer Aussage- bzw. Täterschaftsbeurteilung („Polygraphie", „Lügendetektion"). Praxis der Rechtspsychologie, 9, 127-204.

Undeutsch, U. & Klein, G. (1999). Wissenschaftliches Gutachten zum Beweiswert psychophysiologischer Untersuchungen. Praxis der Rechtspsychologie, 9, 45-126.

Volckart, B. (1998). Das Verwertungsverbot für Lügendetektortests. Recht und Psychiatrie, 16, 138-144.

8.5.3 Jugendstrafrecht – strafrechtliche Verantwortlichkeit

Nedopil, N. (1996). Forensische Psychiatrie: Klinik, Begutachtung und Behandlung zwischen Psychiatrie und Recht. Stuttgart: Thieme

Rasch, W. (1986). Forensische Psychiatrie. Stuttgart: Kohlhammer.

Schaffstein, F. & Beulke, W. (2002). Jugendstrafrecht – eine systematische Darstellung. Stuttgart: Kohlhammer (14. Auflage).

8.5.4 Erwachsenenstrafrecht – Schuldfähigkeit und strafrechtliche Verantwortlichkeit

Müller-Isberner, R. & Gonzales-Cabeza, S. (Hrsg., 1998). Forensische Psychiatrie: Schuldfähigkeit, Kriminaltherapie, Kriminalprognose. Bad Godesberg: Forum.

Nedopil, N. (1996). Forensische Psychiatrie: Klinik, Begutachtung und Behandlung zwischen Psychiatrie und Recht. Stuttgart: Thieme.

Nowara, S. (1995). Gefährlichkeitsprognosen bei psychisch kranken Straftätern. Neue kriminologische Studien, Bd. 15. München: Fink.

Rasch, W. (1986). Forensische Psychiatrie. Stuttgart: Kohlhammer.

Saß, H. (Hrsg., 1993). Affektdelikte. Interdisziplinäre Beiträge zur Beurteilung von affektiv akzentuierten Straftaten. Berlin: Springer.

Schreiber, H.-L. & Rosenau, H. (2004). Der Sachverständige im Verfahren und in der Verhandlung. In U. Venzlaff & K. Foerster (Hrsg.). Psychiatrische Begutachtung – ein praktisches Handbuch für Ärzte und Juristen. München – Jena: Urban & Fischer (4. Auflage), 125-138.

Schreiber, H.-L. & Rosenau, H. (2004). Rechtliche Grundlagen der psychiatrischen Begutachtung. In U. Venzlaff & K. Foerster (Hrsg.). Psychiatrische Begutachtung – ein praktisches Handbuch für Ärzte und Juristen. München – Jena: Urban & Fischer (4. Auflage), 53-124.

Steller, M. & Volbert, R. (1997). Psychologie im Strafverfahren. Ein Handbuch. Bern: Huber.

Undeutsch, U. (1974). Schuldfähigkeit unter psychologischem Aspekt. In G. Eisen (Hrsg.). Handwörterbuch der Rechtsmedizin, Bd. II. Stuttgart: Enke, 91-115.

Venzlaff, U. & Foerster, K. (Hrsg., 2004). Psychiatrische Begutachtung. München – Jena: Urban & Fischer (4. Auflage).

8.5.5 Justiz- und Maßregelvollzug

Duncker, H. (1998). Behandlung und Rehabilitation psychisch kranker Delinquenten im Maßregelvollzug. Recht und Psychiatrie, 16, 134-137.

Kaiser, G.; Kerner, H.-J. & Schöch, H. (1992). Strafvollzug. Ein Lehrbuch. Heidelberg: C. F. Müller.

Kerner, H.-J., Dolde, G. & Mey, H.-G. (1996). Jugendstrafvollzug und Bewährung – Analysen zum Vollzugsverlauf und zur Rückfallentwicklung. Godesberg: Forum.

Laubenthai, K. (1995). Strafvollzug. Berlin: Springer.

Stock, S. (1993). Behandlungsuntersuchung und Vollzugsplan. Zum Instrumentarium einer an Rückfallverhinderung orientierten Ausgestaltung des Strafvollzugs in der Bundesrepublik Deutschland. Egelsbach: Hansel-Hohenhausen.

Volckart, B. (2002). Maßregelvollzug. Das Recht des Vollzuges der Unterbringung nach §§ 63, 64 StGB in einem psychiatrischen Krankenhaus und in einer Entziehungsanstalt. Neuwied: Luchterhand (6. Auflage).

8.6 Arbeits- und Sozialrecht

Ecker, W. (1986). Sozialgerichtliche Rechtsprechung zur Neurosebeurteilung. In U. Venzlaff (Hrsg., 1986) Psychiatrische Begutachtung. Stuttgart: S. Fischer, 535-548.

Erlenkämper, A. (2000). Sozialrecht – rechtliche Grundlagen. In U. Venzlaff & K. Foerster (Hrsg.). Psychiatrische Begutachtung. München – Jena: Urban & Fischer (3. Auflage), 461-505.

Foerster, K. (2000). Psychiatrische Begutachtung im Sozialrecht. In U. Venzlaff & K. Foerster (Hrsg.). Psychiatrische Begutachtung. München – Jena: Urban & Fischer (3. Auflage), 505-522.

Franke, W. (2004). Sozialmedizinische Begutachtung von Patienten mit Mobbing-Erfahrungen in der psychosomatischen Rehabilitation. In J. Schwickerath, W. Carls, M. Zielke & W. Hackhausen (Hrsg., 2004). Mobbing am Arbeitsplatz. Grundlagen, Beratungs- und Behandlungskonzepte. Lengerich: Pabst, 175-185.

Groeblinghoff, D. (2003). Arbeitsplatzkonflikte. In G. Arentewicz & A. Fleissner (Hrsg., 2003). Mobbing als Psychoterror am Arbeitsplatz. Ursachen, Formen und Folgen der Hilfe. Frankfurt/M.: Lang, 159-199.

Kühne, A., Freyberger, H. J. & Freyberger, H. (1994): Das psychosomatische und psychologische Gutachten – am Beispiel des Gutachtens im Sozialgerichtsverfahren. psychomed, 2, 6. Jg., 119-124.

Zuschlag, B. (2001). Mobbing – Schikane am Arbeitsplatz. Göttingen: Verlag für Angewandte Psychologie (3., überarbeitete Auflage).

8.7 Verwaltungsrecht

8.7.1 Schullaufbahn und Bildungsberatung

Bundschuh, K. (1999). Einführung in die sonderpädagogische Diagnostik. Stuttgart: UTB (5., erweiterte Auflage).

Brähler, E., Holling, H., Leutner, D. & Petermann, F. (2002). Brickenkamp Handbuch psychologischer und pädagogischer Tests. Bd. 1 und 2. Göttingen: Hogrefe (3., vollständig überarbeitete und erweiterte Auflage).

Eggert, D. (1997). Von den Stärken ausgehen. Dortmund: Modernes Leben.

Groffmann, K.-J. & Michel, L. (Hrsg., 1983). Intelligenz- und Leistungsdiagnostik. Enzyklopädie der Psychologie. Serie „Psychologische Diagnostik" Bd. 2. Göttingen: Hogrefe.

Heuer, G. U. (1999). Beurteilen – Beraten – Fördern. Materialien zur Diagnose, Therapie und Bericht-/Gutachtenerstellung bei Lern-, Sprach- und Verhaltensauffälligkeiten in Vor-, Grund- und Sonderschule. Göttingen: Hogrefe (2., aktualisierte Auflage).

Langfeldt, H.-P. & Tent, L. (1999). Pädagogisch-psychologische Diagnostik. Bd. 2: Anwendungsbereiche und Praxisfelder. Göttingen: Hogrefe.

Tent, L. & Steltzl, I. (1993). Pädagogisch-psychologische Diagnostik. Bd. 1: Theoretische und methodische Grundlagen. Göttingen: Hogrefe.

8.7.2 Fahreignung

Bode, J. & Winkler, W. (2005). Fahrerlaubnis, Eignung, Entzug, Wiedererteilung. Bonn: Deutscher Anwalt Verlag (5. Auflage).

Bundesminister für Verkehr (Hrsg., 1996). Krankheit und Kraftverkehr. Begutachtungsleitlinien des Gemeinsamen Beirats für Verkehrsmedizin beim Bundesministerium für Verkehr und beim Bundesministerium für Gesundheit. Schriftenreihe, Heft 73 (5. Auflage). Bonn: Köllen Druck.

Bundesanstalt für Straßenwesen (Hrsg., 2000). Begutachtungsleitlinien zur Kraftfahreignung. Berichte der Bundesanstalt für Straßenwesen, Mensch und Sicherheit, Heft M 115. Bergisch Gladbach: Wirtschaftsverlag NW.

Gehrmann, L. & Undeutsch, U. (1995). Das Gutachten der MPU und Kraftfahreignung. München: C. H. Beck.

Golz, D., Huchler, S., Jörg, A. & Küst, J. (2004). Beurteilung der Fahreignung. Zeitschrift für Neuropsychologie, Bd. 15, Nr. 3, 157-167.

Hentschel, P. (2003). Trunkenheit, Fahrerlaubnisentziehung, Fahrverbot. Neuwied: Werner.

Hettenbach, M., Kalus, V., Möller, M. & Uhle, M. (2005). Drogen im Straßenverkehr. Bonn: Deutscher Anwalt Verlag.

Himmelreich, K. & Hentschel, P. (1990). Fahrverbot, Führerscheinentzug. Düsseldorf: Werner (6. Auflage).

Kroj, G. (Hrsg., 1995). Psychologisches Gutachten: Kraftfahreignung. Bonn: Deutscher Psychologen Verlag.

Poschadel. S., Rönsch-Hasselhorn, S. & Sommer, M. (2006). Eignungsbegutachtung zur Mobilitätsförderung älterer Kraftfahrer. Ergebnisse des EU-Projekts AGILE. Zeitschrift für Verkehrssicherheit 1/2006, 13-18.

Schmidt, P. H. (2006). Zur medizinisch-psychologischen Begutachtung und Rehabilitation von ADHS-Betroffenen. Zeitschrift für Verkehrssicherheit 1/2006, 22-24.

Schubert, W. & Mattern, R. (2004). Urteilsbildung in der medizinisch-psychologischen Fahreignungsdiagnostik – Beurteilungskriterien. Zeitschrift für Verkehrssicherheit 2/2004, 89-96.

Schubert, W., Schneider, W., Eisenmenger, W. & Stephan, E. (2005). Begutachtungsleitlinien zur Kraftfahreignung. Kommentar. Bonn: Kirschbaum (2. Auflage).

Sohn, J.-M. (1997). Fehler erster und zweiter Art bei der Begutachtung verkehrsauffälliger Kraftfahrer. In F. Baumgärtel, F.-W. Wilker & U. Winterfeld (Hrsg.). Innovation und Erfahrung – Analysen, Planungen und Erfahrungsberichte aus psychologischen Arbeitsfeldern (33-41). Bonn: Deutscher Psychologen Verlag.

Strohbeck-Kuehner, P., Sobanski, E, Skopp, G., Mattern, R. & Alm, B. (2006). ADHS und Fahreignung. Zeitschrift für Verkehrssicherheit 1/2006, 18-22.

8.8 Fragestellungen anderer Behörden und Organisationen

8.8.1 Berufseignung, Personalauswahl, Rehabilitation

Eckardt, H.-H. (1989). Der Psychologische Dienst der Bundesanstalt für Arbeit. Psychologische Rundschau, 38, 69-81.

Eckardt, H.-H. & Hilke R. (1994). Psychologischer Dienst. Aufgaben und Praxis der Bundesanstalt für Arbeit. Bd. 246. Stuttgart: Kohlhammer (2., neu bearbeitete Auflage).

Eckardt, H.-H. & Schuler, H. (1988). Berufseignungsdiagnostik. In R. S. Jäger (Hrsg.). Psychologische Diagnostik. Weinheim: Beltz *PVU*, 451-467.

Eckardt, H.-H. (1991). Die Unterstützung individueller beruflicher Entscheidungen durch den Einsatz von Tests und Selbsterkundungsverfahren. In K. Ingenkamp & R. S. Jäger (Hrsg.). Tests und Trends. 9. Jahrbuch der Psychologischen Diagnostik. Weinheim: Beltz, 109-150.

Hilke, R. & Hustedt, H. (1997). Berufswahlunterstützung – Alexander L., 16 Jahre. In K.-D. Kubinger & H. Teichmann (Hrsg.). Psychologische Diagnostik und Interventionen an Fallbeispielen. Weinheim: Beltz *PVU*, 89-108.

Kubinger, K. D. & Teichmann, H. (Hrsg., 1997). Psychologische Diagnostik und Interventionen an Fallbeispielen. Weinheim: Beltz *PVU.*

Kubinger, K. D. (1999). Moderne Testtheorie. Weinheim: Beltz *PVU.*

Sarges, W. (Hrsg., 2000). Managementdiagnostik. Göttingen: Hogrefe (3., unveränderte Auflage).

Schuler, H. (1998). Psychologische Personalauswahl. Einführung in die Berufseignungsdiagnostik (Wirtschaftspsychologie Bd. 5). Göttingen: Hogrefe (2., unveränderte Auflage).

Schuler, H. (Hrsg., 1991). Beurteilung und Förderung beruflicher Leistung (Beiträge zur Organisationspsychologie, Bd. 4). Göttingen: Hogrefe.

8.8.2 Gesundheitswesen

Best, D., Kleinken, B., Hess, R. & Krimmel, L. (2002). Kommentar zur Gebührenordnung für Psychotherapeuten (GOP). Köln: Deutscher Ärzte-Verlag.

Kassenärztliche Bundesvereinigung (Hrsg., 2001) Verträge der Kassenärztlichen Bundesvereinigung mit Sozialversicherungs- und anderen Kostenträgern sowie Richtlinien des Bundesausschusses der Ärzte und Krankenkassen.

- Richtlinien des Bundesausschusses der Ärzte und Krankenkassen über die Beurteilung der Arbeitsunfähigkeit und die Maßnahmen zur stufenweisen Wiedereingliederung („Arbeitsunfähigkeits-Richtlinien") vom Sept. 1991.
- Richtlinien des Bundesausschusses der Ärzte und Krankenkassen über die Gesundheitsuntersuchung zur Früherkennung von Krankheiten („Gesundheitsuntersuchungs-Richtlinien") vom 11.12.2000.
- Richtlinien des Bundesausschusses der Ärzte und Krankenkassen über die Durchführung der Psychotherapie (Psychotherapie-Richtlinien) – F III Gutachterverfahren – in Kraft getreten am 01.01.1999.
- Vereinbarung über die Anwendung von Psychotherapie in der vertragsärztlichen Versorgung (Psychotherapie-Vereinbarung) – § 12 Gutachterverfahren – als Anlage zum Bundesmanteltarifvertrag-Ärzte (BMV-Ä), in Kraft seit 01.01.1999.

Gebührenordnung für Psychologische Psychotherapeuten und Kinder- und Jugendlichenpsychotherapeuten (GOP) vom 08.06.2000 (in Kraft getreten am 24.06.2000).

Saß, H., Wittchen, H.-U., Zaudig, M. & Houben, I. (2003). Diagnostisches und Statistisches Manual Psychischer Störungen – Textrevision – DSM IV-TR. Göttingen: Hogrefe.

8.9 Abrechnung von Gutachten

Bleutge, P. (1995). ZSEG. Gesetz über die Entschädigung von Zeugen und Sachverständigen. Kommentar. Essen: Verlag für Wirtschaft und Verwaltung Hubert Wingen (3. Auflage). (Nach dem 30.06.2004, mit dem Inkrafttreten des JVEG, überholt.)

Gesetz über die Vergütung von Sachverständigen, Dolmetscherinnen, Dolmetschern, Übersetzerinnen und Übersetzern sowie Entschädigung von ehrenamtlichen Richterinnen, ehrenamtlichen Richtern, Zeuginnen, Zeugen und Dritten (Justizvergütungs- und -entschädigungsgesetz – JVEG) vom 5. Mai 2004 (BGBl. 1 S. 718). BGBl. III/FNA 367-3. Inkrafttreten gem. Art. 8 Satz 1 dieses Gesetzes am 01.07.2004.

Killmann, A. (2006). Der Aufwendungsersatz für die Erstellung des schriftlichen Gutachtens nach JVEG. Der Sachverständige, 1-2, 14-16.

Meyer, P., Höver, A. & Bach, W. (2002). Gesetz über die Entschädigung von Zeugen und Sachverständigen. Köln: Heymanns (22. Auflage).

9 Anhang

9.1 Rechte und Pflichten von Sachverständigen bzw. Gutachtern nach der Zivilprozessordnung (ZPO, Stand 05.12.2005) und der Strafprozessordnung (StPO, Stand Sept. 2005) (Quelle: Schönfelder, Stand Dez. 2005)

ZPO	Beweis durch Sachverständige	StPO	Sachverständige und Augenschein
§ 402	**Anwendbarkeit der Vorschriften für Zeugen** Für den Beweis durch Sachverständige gelten die Vorschriften über den Beweis durch Zeugen entsprechend, insoweit nicht in den nachfolgenden Paragraphen abweichende Vorschriften enthalten sind.	§ 72	**Anwendung der Vorschriften für Zeugen** Auf Sachverständige ist der sechste Abschnitt über Zeugen entsprechend anzuwenden, soweit nicht in den nachfolgenden Paragraphen abweichende Vorschriften getroffen sind.
§ 403	**Beweisantritt** Der Beweis wird durch die Bezeichnung der zu begutachtenden Punkte angetreten.		
§ 404	**Sachverständigenauswahl** (1) Die Auswahl der zuzuziehenden Sachverständigen und die Bestimmung ihrer Anzahl erfolgt durch das Prozessgericht. Es kann sich auf die Ernennung eines einzigen Sachverständigen beschränken. An Stelle der zuerst genannten Sachverständigen kann es andere ernennen. (2) Sind für gewisse Arten von Gutachten Sachverständige öffentlich bestellt, so sollen andere Personen nur dann ge-	§ 73	**Auswahl** (1) Die Auswahl der zuzuziehenden Sachverständigen und die Bestimmung ihrer Anzahl erfolgt durch den Richter. Er soll mit diesen eine Absprache treffen, innerhalb welcher Frist die Gutachten erstattet werden können. (2) Sind für gewisse Arten von Gutachten Sachverständige öffentlich bestellt, so sollen andere Personen nur dann gewählt werden, wenn besondere Umstände es fordern.

ZPO	Beweis durch Sachverständige	StPO	Sachverständige und Augenschein
	wählt werden, wenn besondere Umstände es erfordern. (3) Das Gericht kann die Parteien auffordern, Personen zu bezeichnen, die geeignet sind, als Sachverständige vernommen zu werden. (4) Einigen sich die Parteien über bestimmte Personen als Sachverständige, so hat das Gericht dieser Einigung Folge zu geben; das Gericht kann jedoch die Wahl der Parteien auf eine bestimmte Anzahl beschränken.		
§ 404a	**Leitung der Tätigkeit des Sachverständigen** (1) Das Gericht hat die Tätigkeit des Sachverständigen zu leiten und kann ihm für Art und Umfang seiner Tätigkeiten Weisungen erteilen. (2) Soweit es die Besonderheit des Falles erfordert, soll das Gericht den Sachverständigen vor Abfassung der Beweisfrage hören, ihn in seine Aufgabe einweisen und ihm auf Verlangen den Auftrag erläutern. (3) Bei streitigem Sachverhalt bestimmt das Gericht, welche Tatsachen der Sachverständige der Begutachtung zugrunde legen soll. (4) Soweit es erforderlich ist, bestimmt das Gericht, in welchem Umfang der Sachverständige zur Aufklärung der Beweisfrage befugt ist, inwieweit er mit den	**§ 78**	**Richterliche Leitung** Der Richter hat, soweit ihm dies erforderlich erscheint, die Tätigkeit der Sachverständigen zu leiten.

ZPO	Beweis durch Sachverständige	StPO	Sachverständige und Augenschein
	Parteien in Verbindung treten darf und wann er ihnen die Teilnahme an seinen Ermittlungen zu gestatten hat. (5) Weisungen an den Sachverständigen sind den Parteien mitzuteilen. Findet ein besonderer Termin zur Einweisung des Sachverständigen statt, so ist den Parteien die Teilnahme zu gestatten.		
§ 405	**Auswahl durch den mit der Beweisaufnahme betrauten Richter** [1] Das Prozessgericht kann den mit der Beweisaufnahme betrauten Richter zur Ernennung der Sachverständigen ermächtigen. [2] Er hat in diesem Falle die Befugnisse und Pflichten des Prozessgerichts nach den §§ 404, 404a.		
§ 406	**Ablehnung eines Sachverständigen** (1) [1] Ein Sachverständiger kann aus denselben Gründen, die zur Ablehnung eines Richters berechtigen, abgelehnt werden. [2] Ein Ablehnungsgrund kann jedoch nicht daraus entnommen werden, dass der Sachverständige als Zeuge vernommen worden ist. (2) [1] Der Ablehnungsantrag ist bei dem Gericht oder Richter, von dem der Sachverständige ernannt ist, vor seiner Vernehmung zu stellen, spätestens	§ 74	**Ablehnung** (1) Ein Sachverständiger kann aus denselben Gründen, die zur Ablehnung eines Richters berechtigen, abgelehnt werden. Ein Ablehnungsgrund kann jedoch nicht daraus entnommen werden, dass der Sachverständige als Zeuge vernommen worden ist. (2) Das Ablehnungsrecht steht der Staatsanwaltschaft, dem Privatkläger und dem Beschuldigten zu. Die ernannten Sachverständigen sind den zur Ablehnung Berechtigten namhaft zu

ZPO	Beweis durch Sachverständige	StPO	Sachverständige und Augenschein
	jedoch binnen zwei Wochen nach Verkündung oder Zustellung des Beschlusses über die Ernennung. [2] Zu einem späteren Zeitpunkt ist die Ablehnung nur zulässig, wenn der Antragsteller glaubhaft macht, dass er ohne sein Verschulden verhindert war, den Ablehnungsgrund früher geltend zu machen. [3] Der Antrag kann vor der Geschäftsstelle zu Protokoll erklärt werden. (3) Der Ablehnungsgrund ist glaubhaft zu machen; zur Versicherung an Eides statt darf die Partei nicht zugelassen werden. (4) Die Entscheidung ergeht von dem im zweiten Absatz bezeichneten Gericht oder Richter durch Beschluss. (5) Gegen den Beschluss, durch den die Ablehnung für begründet erklärt wird, findet kein Rechtsmittel, gegen den Beschluss, durch den sie für unbegründet erklärt wird, findet sofortige Beschwerde statt.		machen, wenn nicht besondere Umstände entgegenstehen. (3) Der Ablehnungsgrund ist glaubhaft zu machen; der Eid ist als Mittel der Glaubhaftmachung ausgeschlossen.
§ 407	**Pflicht zur Erstattung des Gutachtens** (1) Der zum Sachverständigen Ernannte hat der Ernennung Folge zu leisten, wenn er zur Erstattung von Gutachten der erforderten Art öffentlich bestellt ist oder wenn er die Wissenschaft, die Kunst oder	**§ 75**	**Pflicht zur Erstattung des Gutachtens** (1) Der zum Sachverständigen Ernannte hat der Ernennung Folge zu leisten, wenn er zur Erstattung von Gutachten der erforderten Art öffentlich bestellt ist oder wenn er die Wissenschaft, die Kunst oder

ZPO	Beweis durch Sachverständige	StPO	Sachverständige und Augenschein
	das Gewerbe, deren Kenntnis Voraussetzung der Begutachtung ist, öffentlich zum Erwerb ausübt oder wenn er zur Ausübung derselben öffentlich bestellt oder ermächtigt ist. (2) Zur Erstattung des Gutachtens ist auch derjenige verpflichtet, der sich hierzu vor Gericht bereit erklärt hat.		das Gewerbe, deren Kenntnis Voraussetzung der Begutachtung ist, öffentlich zum Erwerb ausübt oder wenn er zu ihrer Ausübung öffentlich bestellt oder ermächtigt ist. (2) Zur Erstattung des Gutachtens ist auch der verpflichtet, welcher sich hierzu vor Gericht bereit erklärt hat.
§ 407a	**Weitere Pflichten des Sachverständigen** (1) [1] Der Sachverständige hat unverzüglich zu prüfen, ob der Auftrag in sein Fachgebiet fällt und ohne die Hinzuziehung weiterer Sachverständiger erledigt werden kann. [2] Ist das nicht der Fall, so hat der Sachverständige das Gericht unverzüglich zu verständigen. (2) Der Sachverständige ist nicht befugt, den Auftrag auf einen anderen zu übertragen. Soweit er sich der Mitarbeit einer anderen Person bedient, hat er diese namhaft zu machen und den Umfang ihrer Tätigkeit anzugeben, falls es sich nicht um Hilfsdienste von untergeordneter Bedeutung handelt. (3) Hat der Sachverständige Zweifel an Inhalt und Umfang des Auftrages, so hat er unverzüglich eine Klärung durch das Gericht herbeizuführen. Erwachsen voraussichtlich Kosten, die erkennbar außer Verhältnis zum		

ZPO	Beweis durch Sachverständige	StPO	Sachverständige und Augenschein
	Wert des Streitgegenstandes stehen oder einen angeforderten Kostenvorschuss erheblich übersteigen, so hat der Sachverständige rechtzeitig hierauf hinzuweisen. (4) Der Sachverständige hat auf Verlangen des Gerichts die Akten und sonstige für die Begutachtung beigezogene Unterlagen sowie Untersuchungsergebnisse unverzüglich herauszugeben oder mitzuteilen. Kommt er dieser Pflicht nicht nach, so ordnet das Gericht die Herausgabe an. (5) Das Gericht soll den Sachverständigen auf seine Pflichten hinweisen.		
§ 408	**Gutachtenverweigerungsrecht** (1) [1] Dieselben Gründe, die einen Zeugen berechtigen, das Zeugnis zu verweigern, berechtigen einen Sachverständigen zur Verweigerung des Gutachtens. [2] Das Gericht kann auch aus anderen Gründen einen Sachverständigen von der Verpflichtung zur Erstattung des Gutachtens entbinden. (2) Für die Vernehmung eines Richters, Beamten oder einer anderen Person des öffentlichen Dienstes als Sachverständigen gelten die besonderen beamtenrechtlichen Vorschriften. Für die Mitglieder der Bundes- oder	**§ 76**	**Gutachtenverweigerungsrecht** (1) Dieselben Gründe, die einen Zeugen berechtigen, das Zeugnis zu verweigern, berechtigen einen Sachverständigen zur Verweigerung des Gutachtens. Auch aus anderen Gründen kann ein Sachverständiger von der Verpflichtung zur Erstattung des Gutachtens entbunden werden. (2) Für die Vernehmung von Richtern, Beamten und anderen Personen des öffentlichen Dienstes als Sachverständige gelten die besonderen beamtenrechtlichen Vorschriften. Für die Mitglieder der Bundes- oder

ZPO	Beweis durch Sachverständige	StPO	Sachverständige und Augenschein
	einer Landesregierung gelten die für sie maßgebenden besonderen Vorschriften. (3) Wer bei einer richterlichen Entscheidung mitgewirkt hat, soll über Fragen, die den Gegenstand der Entscheidung gebildet haben, nicht als Sachverständiger vernommen werden.		einer Landesregierung gelten die für sie maßgebenden besonderen Vorschriften.
§ 409	**Folgen des Ausbleibens oder der Gutachtenverweigerung** (1) Wenn ein Sachverständiger nicht erscheint oder sich weigert, ein Gutachten zu erstatten, obgleich er dazu verpflichtet ist, oder wenn er Akten oder sonstige Unterlagen zurückbehält, werden ihm die dadurch verursachten Kosten auferlegt. Zugleich wird gegen ihn ein Ordnungsgeld festgesetzt. Im Falle wiederholten Ungehorsams kann das Ordnungsgeld noch einmal festgesetzt werden. (2) Gegen den Beschluss findet sofortige Beschwerde statt.	**§ 77**	**Folgen des Ausbleibens oder der Weigerung** (1) Im Falle des Nichterscheinens oder der Weigerung eines zur Erstattung des Gutachtens verpflichteten Sachverständigen wird diesem auferlegt, die dadurch verursachten Kosten zu ersetzen. Zugleich wird gegen ihn ein Ordnungsgeld festgesetzt. Im Falle wiederholten Ungehorsams kann neben der Auferlegung der Kosten das Ordnungsgeld noch einmal festgesetzt werden. (2) Weigert sich ein zur Erstattung des Gutachtens verpflichteter Sachverständiger, nach § 73 Abs. 1 Satz 2 eine angemessene Frist abzusprechen, oder versäumt er die abgesprochene Frist, so kann gegen ihn ein Ordnungsgeld festgesetzt werden. Der Festsetzung des Ordnungsgeldes muss eine Androhung unter Setzung einer Nachfrist vorausgehen. Im Falle wiederholter Fristversäumnis kann das Ordnungsgeld noch einmal festgesetzt werden.

ZPO	Beweis durch Sachverständige	StPO	Sachverständige und Augenschein
§ 410	**Sachverständigenbeeidigung** (1) Der Sachverständige wird vor oder nach Erstattung des Gutachtens beeidigt. Die Eidesnorm geht dahin, dass der Sachverständige das von ihm erforderte Gutachten unparteiisch und nach bestem Wissen und Gewissen erstatten werde oder erstattet habe. (2) Ist der Sachverständige für die Erstattung von Gutachten der betreffenden Art im Allgemeinen beeidigt, so genügt die Berufung auf den geleisteten Eid; sie kann auch in einem schriftlichen Gutachten erklärt werden.	**§ 79**	**Sachverständigeneid** (1) Der Sachverständige kann nach dem Ermessen des Gerichts vereidigt werden. Auf Antrag der Staatsanwaltschaft, des Angeklagten oder des Verteidigers ist er zu vereidigen. (2) Der Eid ist nach Erstattung des Gutachtens zu leisten; er geht dahin, dass der Sachverständige das Gutachten unparteiisch und nach bestem Wissen und Gewissen erstattet habe. (3) Ist der Sachverständige für die Erstattung von Gutachten der betreffenden Art im Allgemeinen vereidigt, so genügt die Berufung auf den geleisteten Eid.
		§ 80	**Vorbereitung des Gutachtens** (1) Dem Sachverständigen kann auf sein Verlangen zur Vorbereitung des Gutachtens durch Vernehmung von Zeugen oder des Beschuldigten weitere Aufklärung verschafft werden. (2) Zu demselben Zweck kann ihm gestattet werden, die Akten einzusehen, der Vernehmung von Zeugen oder des Beschuldigten beizuwohnen und an sie unmittelbar Fragen zu stellen.
		§ 80a	**Zuziehung im Vorverfahren** Ist damit zu rechnen, dass die Unterbringung des Beschuldigten in einem psychiatrischen

ZPO	Beweis durch Sachverständige	StPO	Sachverständige und Augenschein
			Krankenhaus, einer Entziehungsanstalt oder in der Sicherungsverwahrung angeordnet werden wird, so soll schon im Vorverfahren einem Sachverständigen Gelegenheit zur Vorbereitung des in der Hauptverhandlung zu erstattenden Gutachtens gegeben werden.
		§ 81	**Unterbringung zur Beobachtung des Beschuldigten** (1) Zur Vorbereitung eines Gutachtens über den psychischen Zustand des Beschuldigten kann das Gericht nach Anhörung eines Sachverständigen und des Verteidigers anordnen, dass der Beschuldigte in ein öffentliches psychiatrisches Krankenhaus gebracht und dort beobachtet wird. (2) Das Gericht trifft die Anordnung nach Absatz 1 nur, wenn der Beschuldigte der Tat dringend verdächtig ist. Das Gericht darf diese Anordnung nicht treffen, wenn sie zu der Bedeutung der Sache und der zu erwartenden Strafe oder Maßregel der Besserung und Sicherung außer Verhältnis steht. (3) Im vorbereitenden Verfahren entscheidet das Gericht, das für die Eröffnung des Hauptverfahrens zuständig wäre. (4) Gegen den Beschluss ist sofortige Beschwerde zulässig. Sie hat aufschiebende Wirkung.

ZPO	Beweis durch Sachverständige	StPO	Sachverständige und Augenschein
			(5) Die Unterbringung in einem psychiatrischen Krankenhaus nach Absatz 1 darf die Dauer von insgesamt sechs Wochen nicht überschreiten.
		§ 81a	**Körperliche Untersuchung; Blutprobe** (1) Eine körperliche Untersuchung des Beschuldigten darf zur Feststellung von Tatsachen angeordnet werden, die für das Verfahren von Bedeutung sind. Zu diesem Zweck sind Entnahmen von Blutproben und andere körperliche Eingriffe, die von einem Arzt nach den Regeln der ärztlichen Kunst zu Untersuchungszwecken vorgenommen werden, ohne Einwilligung des Beschuldigten zulässig, wenn kein Nachteil für seine Gesundheit zu befürchten ist. ...
		§ 81b	**Lichtbilder und Fingerabdrücke** Soweit es für die Zwecke der Durchführung des Strafverfahrens oder für die Zwecke des Erkennungsdienstes notwendig ist, dürfen Lichtbilder und Fingerabdrücke des Beschuldigten auch gegen seinen Willen aufgenommen und Messungen und ähnliche Maßnahmen an ihm vorgenommen werden.
		§ 81c	**Untersuchung anderer Personen** (1) Andere Personen als Beschuldigte dürfen, wenn sie als Zeugen

ZPO	Beweis durch Sachverständige	StPO	Sachverständige und Augenschein
			in Betracht kommen, ohne ihre Einwilligung nur untersucht werden, soweit zur Erforschung der Wahrheit festgestellt werden muss, ob sich an ihrem Körper eine bestimmte Spur oder Folge einer Straftat befindet. (2) Bei anderen Personen als Beschuldigten sind Untersuchungen zur Feststellung der Abstammung und die Entnahme von Blutproben ohne Einwilligung des zu Untersuchenden zulässig, wenn kein Nachteil für seine Gesundheit zu befürchten und die Maßnahme zur Erforschung der Wahrheit unerlässlich ist. Die Untersuchungen und die Entnahme von Blutproben dürfen stets nur von einem Arzt vorgenommen werden. (3) Untersuchungen oder Entnahmen von Blutproben können aus den gleichen Gründen wie das Zeugnis verweigert werden. Haben Minderjährige wegen mangelnder Verstandesreife oder haben Minderjährige oder Betreute wegen einer psychischen Krankheit oder einer geistigen oder seelischen Behinderung von der Bedeutung ihres Weigerungsrechts keine genügende Vorstellung, so entscheidet der gesetzliche Vertreter; ... (4) Maßnahmen nach den Absätzen 1 und 2 sind unzulässig, wenn sie dem Betroffenen bei

ZPO	Beweis durch Sachverständige	StPO	Sachverständige und Augenschein
			Würdigung aller Umstände nicht zugemutet werden können. ...
		§ 81d	**Verletzung des Schamgefühls** (1) Kann die körperliche Untersuchung das Schamgefühl verletzen, so wird sie von einer Person gleichen Geschlechts oder von einer Ärztin oder einem Arzt vorgenommen. ... Auf Verlangen der betroffenen Person soll eine Person des Vertrauens zugelassen werden. ...
		§ 81e	**Molekulargenetische Untersuchung** (1) An dem durch die Maßnahmen nach § 81a Abs. 1 erlangten Material dürfen auch molekulargenetische Untersuchungen durchgeführt werden, soweit sie zur Feststellung der Abstammung oder der Tatsache, ob aufgefundenes Spurenmaterial von dem Beschuldigten oder einem Verletzten stammt, erforderlich sind; hierbei darf auch das Geschlecht der Person bestimmt werden. ... Feststellungen über andere als die in Satz 1 bezeichneten Tatsachen dürfen nicht erfolgen, hierauf gerichtete Untersuchungen sind unzulässig. ...
		§ 81f	**Richterliche Anordnung; Durchführung der Untersuchung** (1) Untersuchungen nach § 81e Abs. 1 dürfen ohne schriftliche

ZPO	Beweis durch Sachverständige	StPO	Sachverständige und Augenschein
			Einwilligung der betroffenen Person nur durch das Gericht, bei Gefahr im Verzug auch durch die Staatsanwaltschaft und ihre Ermittlungspersonen (§ 152 des Gerichtsverfassungsgesetzes) angeordnet werden. Die einwilligende Person ist darüber zu belehren, für welchen Zweck die zu erhebenden Daten verwendet werden. (2) Mit der Untersuchung nach § 81e sind in der schriftlichen Anordnung Sachverständige zu beauftragen, die öffentlich bestellt oder nach dem Verpflichtungsgesetz verpflichtet oder Amtsträger sind, die der ermittlungsführenden Behörde nicht angehören oder einer Organisationseinheit dieser Behörde angehören, die von der ermittlungsführenden Dienststelle organisatorisch und sachlich getrennt ist. Diese haben durch technische und organisatorische Maßnahmen zu gewährleisten, dass unzulässige molekulargenetische Untersuchungen und unbefugte Kenntnisnahme Dritter ausgeschlossen sind. Dem Sachverständigen ist das Untersuchungsmaterial ohne Mitteilung des Namens, der Anschrift und des Geburtstages und -monats des Betroffenen zu übergeben. ...

ZPO	Beweis durch Sachverständige	StPO	Sachverständige und Augenschein
		§ 81g	**DNA-Identitätsfeststellung bei Beschuldigten und Verurteilten** (1) Ist der Beschuldigte einer Straftat von erheblicher Bedeutung oder einer Straftat gegen die sexuelle Selbstbestimmung verdächtig, dürfen ihm zur Identitätsfeststellung in künftigen Strafverfahren Körperzellen entnommen und zur Feststellung des DNA-Identifizierungsmusters sowie des Geschlechts molekulargenetisch untersucht werden, wenn wegen der Art oder der Ausführung der Tat, der Persönlichkeit des Beschuldigten oder sonstiger Erkenntnisse Grund zu der Annahme besteht, dass gegen ihn künftig Strafverfahren wegen einer Straftat von erheblicher Bedeutung zu führen sind. Die wiederholte Begehung solcher Straftaten kann im Unrechtsgehalt einer Straftat von erheblicher Bedeutung gleichstehen. (2) ... (3) Die Entnahme der Körperzellen darf ohne schriftliche Einwilligung des Beschuldigten nur durch das Gericht, bei Gefahr im Verzug auch durch die Staatsanwaltschaft und ihre Ermittlungspersonen ... angeordnet werden. ... In der schriftlichen Begründung

ZPO	Beweis durch Sachverständige	StPO	Sachverständige und Augenschein
			des Gerichts sind einzelfallbezogen darzulegen 1. die für die Beurteilung der Erheblichkeit der Straftat bestimmenden Tatsachen, 2. die Erkenntnisse, aufgrund derer Grund zu der Annahme besteht, dass gegen den Beschuldigten künftig Strafverfahren zu führen sein werden, sowie 3. die Abwägung der jeweils maßgebenden Umstände. (4) Die Absätze 1 bis 3 gelten entsprechend, wenn die betroffene Person wegen der Tat rechtskräftig verurteilt oder nur wegen 1. erwiesener oder nicht auszuschließender Schuldunfähigkeit, 2. auf Geisteskrankheit beruhender Verhandlungsunfähigkeit oder 3. fehlender oder nicht auszuschließender fehlender Verantwortlichkeit (§ 3 des Jugendgerichtsgesetzes) nicht verurteilt worden ist und die entsprechende Eintragung im Bundeszentralregister oder Erziehungsregister noch nicht getilgt ist. ...
		§ 81h	**Reihengentests** (1) Begründen bestimmte Tatsachen den Verdacht, dass ein Verbrechen gegen das Leben, die körperliche Unversehrtheit, die persönliche Freiheit oder

ZPO	Beweis durch Sachverständige	StPO	Sachverständige und Augenschein
			die sexuelle Selbstbestimmung begangen worden ist, dürfen Personen, die bestimmte, auf den Täter vermutlich zutreffende Prüfungsmerkmale erfüllen, mit ihrer schriftlichen Einwilligung 1. Körperzellen entnommen, 2. diese zur Feststellung des DNA-Identifizierungsmusters und des Geschlechts molekulargenetisch untersucht und 3. die festgestellten DNA-Identifizierungsmuster mit den DNA-Identifizierungsmustern von Spurenmaterial automatisiert abgeglichen werden, soweit dies zur Feststellung erforderlich ist, ob das Spurenmaterial von diesen Personen stammt, und die Maßnahme insbesondere im Hinblick auf die Anzahl der von ihr betroffenen Personen nicht außer Verhältnis zur Schwere der Tat steht. ...
		§ 82	**Gutachten im Vorverfahren** Im Vorverfahren hängt es von der Anordnung des Richters ab, ob die Sachverständigen ihr Gutachten schriftlich oder mündlich zu erstatten haben.
§ 411	**Schriftliches Gutachten** (1) [1] Wird schriftliche Begutachtung angeordnet, so hat der Sachverständige das von ihm unterschriebene Gutachten der Geschäftsstelle zu übermitteln.		

ZPO	Beweis durch Sachverständige	StPO	Sachverständige und Augenschein
	[2] Das Gericht kann ihm hierzu eine Frist bestimmen. (2) Versäumt ein zur Erstattung des Gutachtens verpflichteter Sachverständiger die Frist, so kann gegen ihn ein Ordnungsgeld festgesetzt werden. Das Ordnungsgeld muss vorher unter Setzung einer Nachfrist angedroht werden. Im Falle wiederholter Fristversäumnis kann das Ordnungsgeld in der gleichen Weise noch einmal festgesetzt werden. § 409 Abs. 2 gilt entsprechend. (3) Das Gericht kann das Erscheinen des Sachverständigen anordnen, damit er das schriftliche Gutachten erläutere. (4) Die Parteien haben dem Gericht innerhalb eines angemessenen Zeitraums ihre Einwendungen gegen das Gutachten, die Begutachtung betreffende Anträge und Ergänzungsfragen zu dem schriftlichen Gutachten mitzuteilen. Das Gericht kann ihnen hierfür eine Frist setzen; § 296 Abs. 1, 4 gilt entsprechend.		
§ 412	**Neues Gutachten** (1) Das Gericht kann eine neue Begutachtung durch dieselben oder durch andere Sachverständige anordnen, wenn es das Gutachten für ungenügend erachtet.	**§ 83**	**Neues Gutachten** (1) Der Richter kann eine neue Begutachtung durch dieselben oder durch andere Sachverständige anordnen, wenn er das Gutachten für ungenügend erachtet.

ZPO	Beweis durch Sachverständige	StPO	Sachverständige und Augenschein
	(2) Das Gericht kann die Begutachtung durch einen anderen Sachverständigen anordnen, wenn ein Sachverständiger nach Erstattung des Gutachtens mit Erfolg abgelehnt ist.		(2) Der Richter kann die Begutachtung durch einen anderen Sachverständigen anordnen, wenn ein Sachverständiger nach Erstattung des Gutachtens mit Erfolg abgelehnt ist. (3) In wichtigeren Fällen kann das Gutachten einer Fachbehörde eingeholt werden.
§ 413	**Sachverständigenvergütung** Der Sachverständige erhält eine Vergütung nach dem Justizvergütungs- und -entschädigungsgesetz.	**§ 84**	**Sachverständigenentschädigung** Der Sachverständige erhält eine Vergütung nach dem Justizvergütungs- und -entschädigungsgesetz.
§ 414	**Sachverständige Zeugen** Insoweit zum Beweise vergangener Tatsachen oder Zustände, zu deren Wahrnehmung eine besondere Sachkunde erforderlich war, sachkundige Personen zu vernehmen sind, kommen die Vorschriften über den Zeugenbeweis zur Anwendung.	**§ 85**	**Sachverständige Zeugen** Soweit zum Beweis vergangener Tatsachen oder Zustände, zu deren Wahrnehmung eine besondere Sachkunde erforderlich war, sachkundige Personen zu vernehmen sind, gelten die Vorschriften über den Zeugenbeweis.

9.2 § 203 StGB Verletzung von Privatgeheimnissen (Schönfelder, Stand Sept. 2004)

(1) Wer unbefugt ein fremdes Geheimnis, namentlich ein zum persönlichen Lebensbereich gehörendes Geheimnis oder ein Betriebs- oder Geschäftsgeheimnis, offenbart, das ihm als

1. Arzt, Zahnarzt, Tierarzt, Apotheker oder Angehörigen eines anderen Heilberufs, der für die Berufsausübung oder die Führung der Berufsbezeichnung eine staatlich geregelte Ausbildung erfordert,
2. Berufspsychologen mit staatlich anerkannter wissenschaftlicher Abschlussprüfung,
3. Rechtsanwalt, Patentanwalt, Notar, Verteidiger in einem gesetzlich geordneten Verfahren, Wirtschaftsprüfer, vereidigtem Buchprüfer, Steuerberater, Steuerbevollmächtigten oder Organ oder Mitglied eines Organs einer Wirtschaftsprüfungs-, Buchprüfungs- oder Steuerberatungsgesellschaft,
4. Ehe-, Familien-, Erziehungs- oder Jugendberater sowie Berater für Suchtfragen in einer Beratungsstelle, die von einer Behörde oder Körperschaft, Anstalt oder Stiftung des öffentlichen Rechts anerkannt ist,
5. Mitglied oder Beauftragten einer anerkannten Beratungsstelle nach § 3 des Gesetzes über Aufklärung, Verhütung, Familienplanung und Beratung vom 27. Juli 1992 (BGBl., S. 1398),
6. staatlich anerkanntem Sozialarbeiter oder staatlich anerkanntem Sozialpädagogen oder
7. Angehörigen eines Unternehmens der privaten Kranken-, Unfall- oder Lebensversicherung oder einer privatärztlichen Verrechnungsstelle

anvertraut worden oder sonst bekannt geworden ist, wird mit Freiheitsstrafe bis zu einem Jahr oder mit Geldstrafe bestraft.

(2) Ebenso wird bestraft, wer unbefugt ein fremdes Geheimnis, namentlich ein zum persönlichen Lebensbereich gehörendes Geheimnis oder ein Betriebs- oder Geschäftsgeheimnis, offenbart, das ihm als Amtsträger,

1. für den öffentlichen Dienst besonders Verpflichteten,
2. Person, die Aufgaben oder Befugnisse nach dem Personalvertretungsrecht wahrnimmt,
3. Mitglied eines für ein Gesetzgebungsorgan des Bundes oder eines Landes tätigen Untersuchungsausschusses, sonstigen Ausschusses oder

Rates, das nicht selbst Mitglied des Gesetzgebungsorgans ist, oder als Hilfskraft eines solchen Ausschusses oder Rates oder

4. öffentlich bestelltem Sachverständigen, der auf die gewissenhafte Erfüllung seiner Obliegenheiten aufgrund eines Gesetzes förmlich verpflichtet worden ist, anvertraut worden oder sonst bekannt geworden ist. Einem Geheimnis im Sinne des Satzes 1 stehen Einzelangaben über persönliche oder sachliche Verhältnisse eines anderen gleich, die für Aufgaben der öffentlichen Verwaltung erfasst worden sind; Satz 1 ist jedoch nicht anzuwenden, soweit solche Einzelangaben anderen Behörden oder sonstigen Stellen für Aufgaben der öffentlichen Verwaltung bekannt gegeben werden und das Gesetz dies nicht untersagt.

(3) Den im Absatz 1 Genannten stehen ihre berufsmäßig tätigen Gehilfen und die Personen gleich, die bei ihnen zur Vorbereitung auf den Beruf tätig sind. Den in Absatz 1 und den in Satz 1 Genannten steht nach dem Tod des zur Wahrung des Geheimnisses Verpflichteten ferner gleich, wer das Geheimnis von dem Verstorbenen oder aus dessen Nachlass erlangt hat.

(4) Die Absätze 1 bis 3 sind auch anzuwenden, wenn der Täter das fremde Geheimnis nach dem Tod des Betroffenen unbefugt offenbart.

(5) Handelt der Täter gegen Entgelt oder in der Absicht, sich oder einen anderen zu bereichern oder einen anderen zu schädigen, so ist die Strafe Freiheitsstrafe bis zu zwei Jahren oder Geldstrafe.

9.3 Abkürzungen

BASt	Bundesanstalt für Straßenwesen
BDP	Berufsverband Deutscher Psychologinnen und Psychologen e. V.
BGB	Bürgerliches Gesetzbuch
DGPs	Deutsche Gesellschaft für Psychologie e. V.
DS	Der Sachverständige

FamRZ	Zeitschrift für das gesamte Familienrecht
FeV	Verordnung über die Zulassung von Personen zum Straßenverkehr (Fahreignungs-Verordung)
FPR	Familie, Partnerschaft, Recht
FuR	Familie und Recht
GebOSt	Gebührenordnung für Maßnahmen im Straßenverkehr
GnadenO	Gnadenordnung
JGG	Jugendgerichtsgesetz
JVEG	Justizvergütungs- und -entschädigungsgesetz
KindRG	Kindschaftsrechtreformgesetz
KindRVerbG	Kinderrechteverbesserungsgesetz
KJHG	Kinder- und Jugendhilfegesetz
KfSachvG	Gesetz über amtlich anerkannte Sachverständige und amtlich anerkannte Prüfer für den Kraftfahrzeugverkehr (Kraftfahrzeugsachverständigengesetz)
LuftVZO	Luftverkehrs-Zulassungs-Ordnung
MRVG	Maßregelvollzugsgesetz
SGB	Sozialgesetzbuch
SGG	Sozialgerichtsgesetz
StGB	Strafgesetzbuch
StPO	Strafprozessordnung
StVG	Straßenverkehrsgesetz
StVollG	Strafvollzugsgesetz
WaffG	Waffengesetz
ZfJ	Zentralblatt für Jugendrecht
ZPO	Zivilprozessordnung
ZVS	Zeitschrift für Verkehrssicherheit